Campezo, s/n - 28022 Madrid
Tel.: 91 3009100 - Fax: 91 3009118

DICCIONARIO DE INGLÉS
PARA PRINCIPIANTES

Helen Davies y Françoise Holmes
Dibujos: John Shackell
Idea: Brian Robertson
Supervisor: Nicole Irving

También participaron en la elaboración de esta obra Kim Blundell y Anita Ganeri.

susaeta

Índice

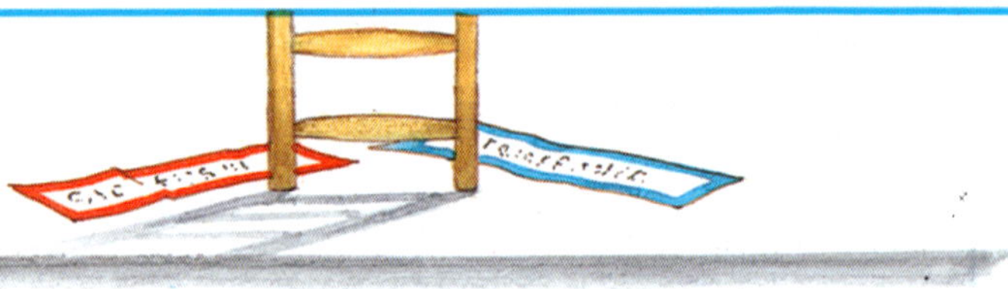

Cómo usar este libro

Este libro contiene más de 2.000 palabras de inglés coloquial, acompañadas de dibujos que os permitirán recordarlas con más facilidad.

Los nombres

Los nombres son las palabras que sirven para designar (nombrar) a las personas, los animales y las cosas. En inglés no hay distinción entre nombres masculinos y femeninos, lo que facilita bastante las cosas. El, la, los, las se traducen por **the. M/f** (masculino/femenino) al lado de una palabra española quiere decir que el masculino y el femenino de esa palabra se traducen al inglés de la misma forma. Ejemplo: amigo, amiga: **friend**. El plural se forma habitualmente añadiendo una **s**. Sin embargo, algunos nombres tienen un plural diferente: los encontraréis en el apartado gramatical, al igual que los nombres que son siempre plurales o siempre singulares.

Los adjetivos

Los adjetivos sirven para describir los nombres. En inglés son invariables y se colocan siempre delante del nombre. Ejemplos: **a little girl:** una niña pequeña; **the red dress:** el traje rojo; **little girls:** unas niñas pequeñas.

Los verbos

Los verbos indican qué es o qué hace una persona, animal o cosa. El infinitivo se traduce por **to** + el verbo. Ejemplo: **to look for:** buscar. Al final del libro veréis cómo se conjugan, así como los diferentes tiempos y una lista de verbos irregulares en la página 104, es decir, aquellos verbos cuyo pasado y participio son distintos del presente.

Finalmente, en la página 96 se explican algunas reglas básicas de la gramática inglesa y en la página 106 se da el significado literal de algunas frases utilizadas en el libro.

Presentaciones

Hello	Hola	**man (pl.: men)**	hombre
Goodbye	Adiós	**woman (pl.: women)**	mujer
See you later.*	Hasta luego	**baby**	bebé
to shake hands with	dar la mano a	**boy**	niño
to kiss	darle un beso a	**girl**	niña

to introduce	presentar	**How are you?**	¿Cómo estás?
friend	amigo (m/f)	**Very well, thank you.**	Muy bien, gracias.
to meet	encontrarse a		

*En las paginas 106-108 encontraréis el significado de las palabras que componen cada frase o expresión.

to chat	charlar
Yes	Sí
No	No
I agree.	De acuerdo.
to say	decir
to burst out laughing	partirse de risa

name	nombre (completo)
first name	nombre de pila
surname	apellido
What's your name?	¿Cómo te llamas?
My name is...	Me llamo...
His name is...	Él se llama...

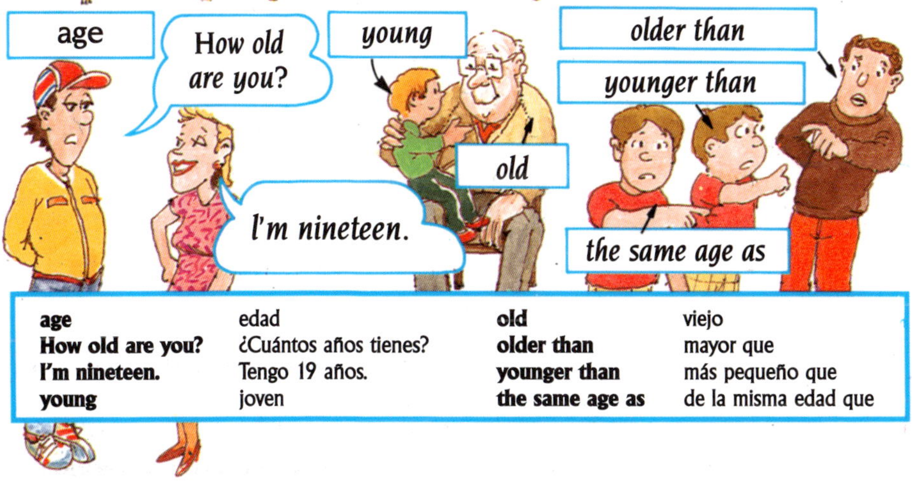

age	edad	**old**	viejo
How old are you?	¿Cuántos años tienes?	**older than**	mayor que
I'm nineteen.	Tengo 19 años.	**younger than**	más pequeño que
young	joven	**the same age as**	de la misma edad que

La familia

family	familia	**grandfather**	abuelo
father	padre	**grandmother**	abuela
mother	madre	**aunt**	tía
brother	hermano	**uncle**	tío
sister	hermana	**cousin**	primo (m/f)

to be related to	ser pariente de	**granddaughter**	nieta
son	hijo	**to be fond of**	querer a
daughter	hija	**nephew**	sobrino
to bring up	criar	**niece**	sobrina
grandson	nieto		

wife	mujer, esposa
husband	marido
parents	padres
to love	querer
children*	niños
twin brothers	gemelos
only son	hijo único

life	vida	**wedding**	boda
birth	nacimiento	**to work**	trabajar
to be born	nacer	**old age**	vejez
childhood	infancia	**death**	muerte
marriage	matrimonio	**to die**	morir
to get married	casarse	**funeral**	funeral

*El singular de **children** es **child.**

El aspecto físico y la personalidad

pretty	guapa
handsome	apuesto
strong	fuerte
weak	debilucho
thin	delgado
slim	esbelto
fat	gordo

to have blond hair	tener el pelo rubio	**curly hair**	pelo rizado
brown hair	pelo castaño	**fringe**	flequillo
red hair	pelo rojo	**plaits**	trenzas
straight hair	pelo liso	**to be bald**	ser calvo

polite	educado
rude	maleducado
nice	simpática
silly	tonto
shy	tímido
friendly	cariñoso
funny	gracioso
happy	contenta
unhappy	triste

complexion	color de la piel	**to have a beard**	tener barba
dark	moreno	**to wear glasses**	llevar gafas
fair, blond	rubia	**to smile**	sonreír
freckles	pecas	**to laugh**	reír
to have a moustache	tener bigote	**to cry**	llorar

El cuerpo

head	cabeza
hair	pelo
face	cara
skin	piel
eye	ojo
cheek	mejilla
nose	nariz
ear	oreja
mouth	boca
tooth (pl.: teeth)	diente
tongue	lengua
lip	labio
neck	cuello
chin	barbilla

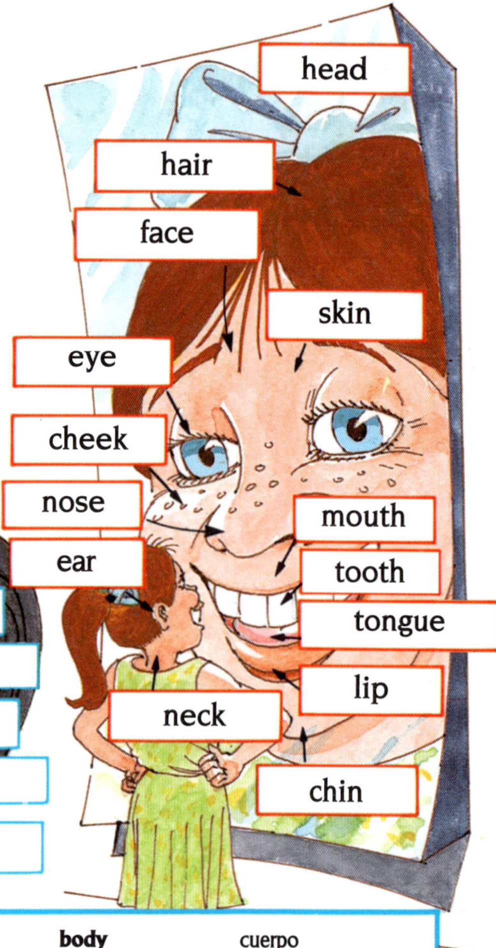

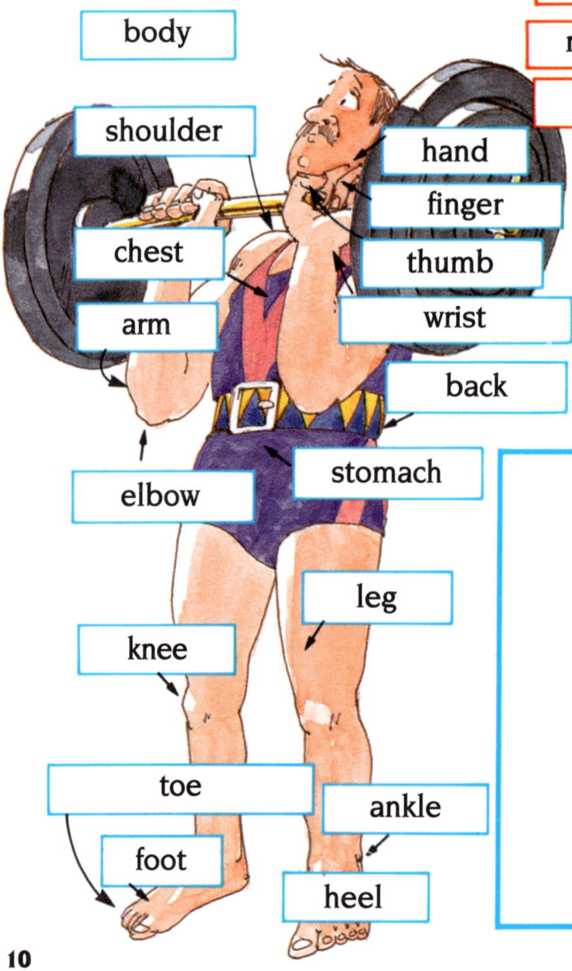

body	cuerpo
shoulder	hombro
chest	pecho
arm	brazo
elbow	codo
hand	mano
finger	dedo
thumb	pulgar
wrist	muñeca
back	espalda
stomach	estómago
leg	pierna
knee	rodilla
toe	dedo del pie
foot (pl.: feet)	pie
ankle	tobillo
heel	talón

to be tall	ser alto
to be short	ser bajo
to weigh yourself	pesarse
to be light	pesar poco
to be heavy	pesar mucho

left side	lado izquierdo
right side	lado derecho

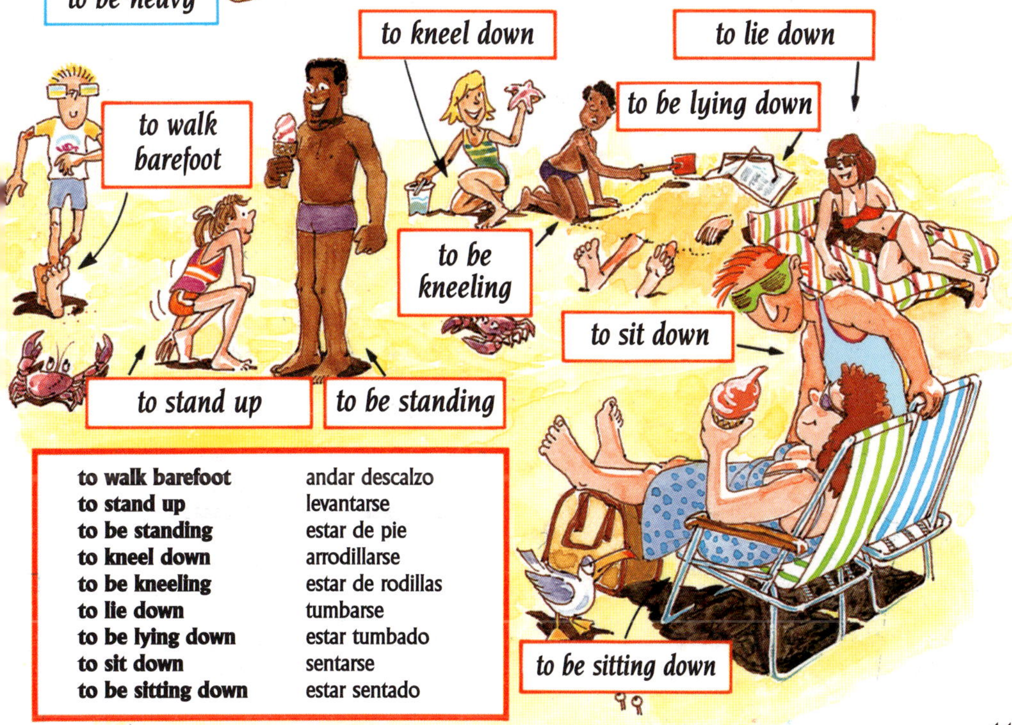

to walk barefoot	andar descalzo
to stand up	levantarse
to be standing	estar de pie
to kneel down	arrodillarse
to be kneeling	estar de rodillas
to lie down	tumbarse
to be lying down	estar tumbado
to sit down	sentarse
to be sitting down	estar sentado

La casa

block of flats	edificio de pisos
flat	piso
I'm at home.	Estoy en casa.
second floor	segundo piso
front door	puerta de entrada
doorbell	timbre
to ring the bell	llamar al timbre
letter box	buzón
doormat	felpudo
balcony	balcón
first floor	primer piso
caretaker	portero
to move in	mudarse
ground floor	bajo

house	casa
to live in a house	vivir en una casa
neighbour	vecina
landlady	propietaria
to move out	mudarse (dejar una casa)
tenant	inquilino
basement	sótano

smoke	humo
roof	tejado
chimney	chimenea
attic	desván
window	ventana
wall	pared
door	puerta
toilet	servicio
bedroom	dormitorio
bathroom	cuarto de baño
kitchen	cocina
dining room	comedor

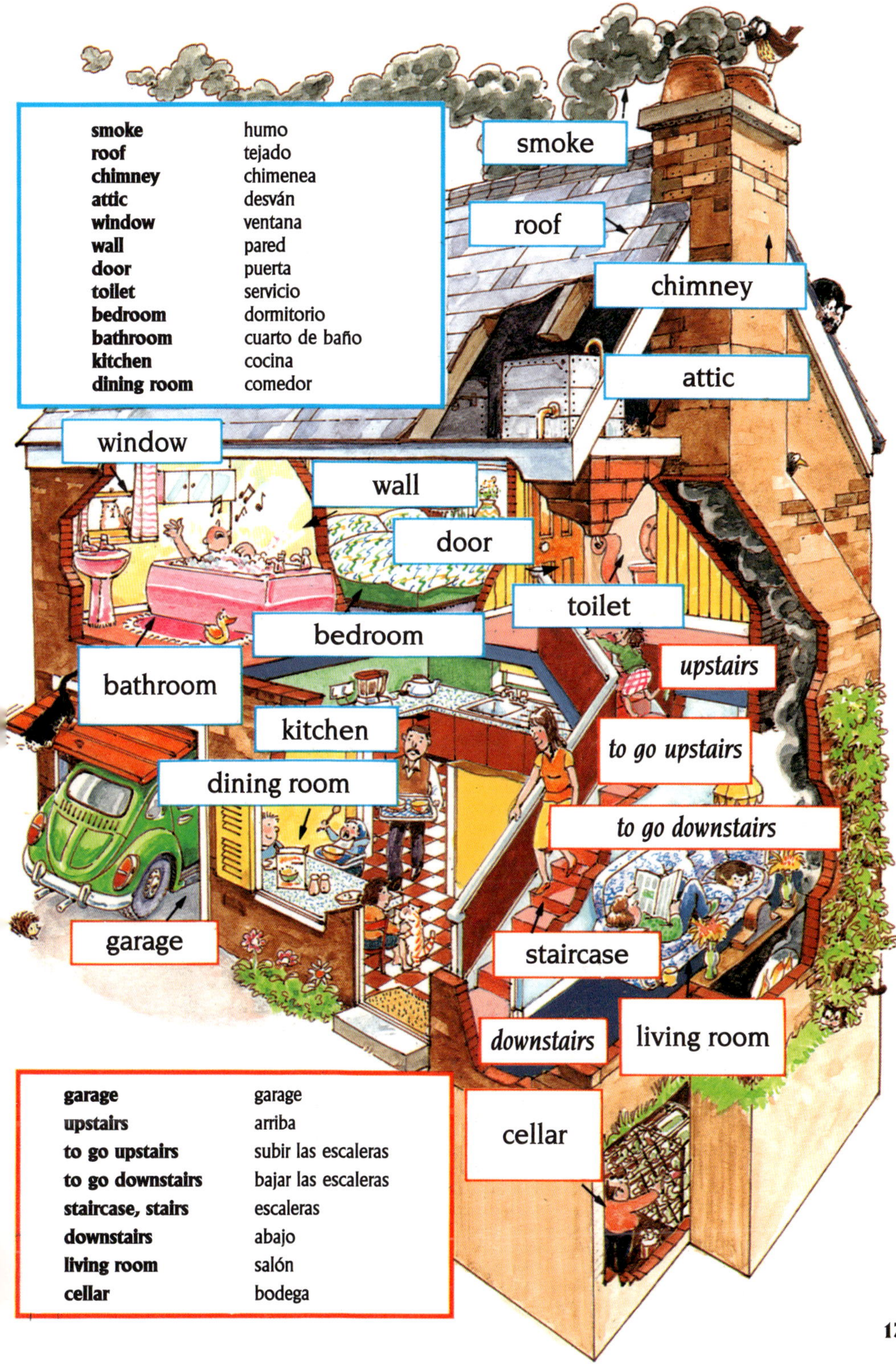

garage	garage
upstairs	arriba
to go upstairs	subir las escaleras
to go downstairs	bajar las escaleras
staircase, stairs	escaleras
downstairs	abajo
living room	salón
cellar	bodega

El salón y el comedor

dining room	comedor
light	luz
radiator	radiador
table	mesa
chair	silla
floor	suelo
rug	alfombra

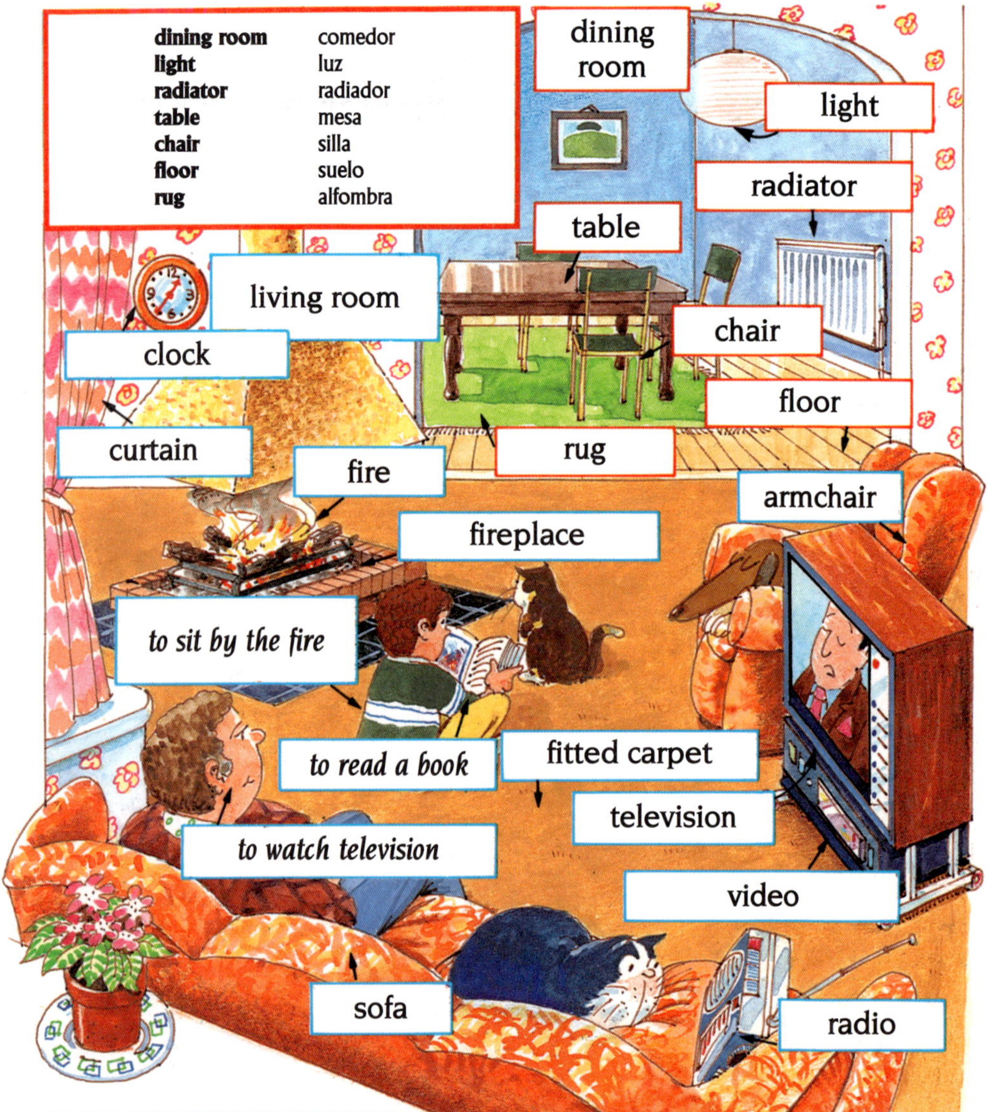

living room	salón	**to read a book**	leer un libro
clock	reloj de pared	**to watch television**	ver la televisión
curtain	cortina	**sofa**	sofá
fire	fuego	**fitted carpet**	moqueta
fireplace	chimenea	**television**	televisor
armchair	butaca	**video**	vídeo
to sit by the fire	sentarse junto al fuego	**radio**	radio

La cocina

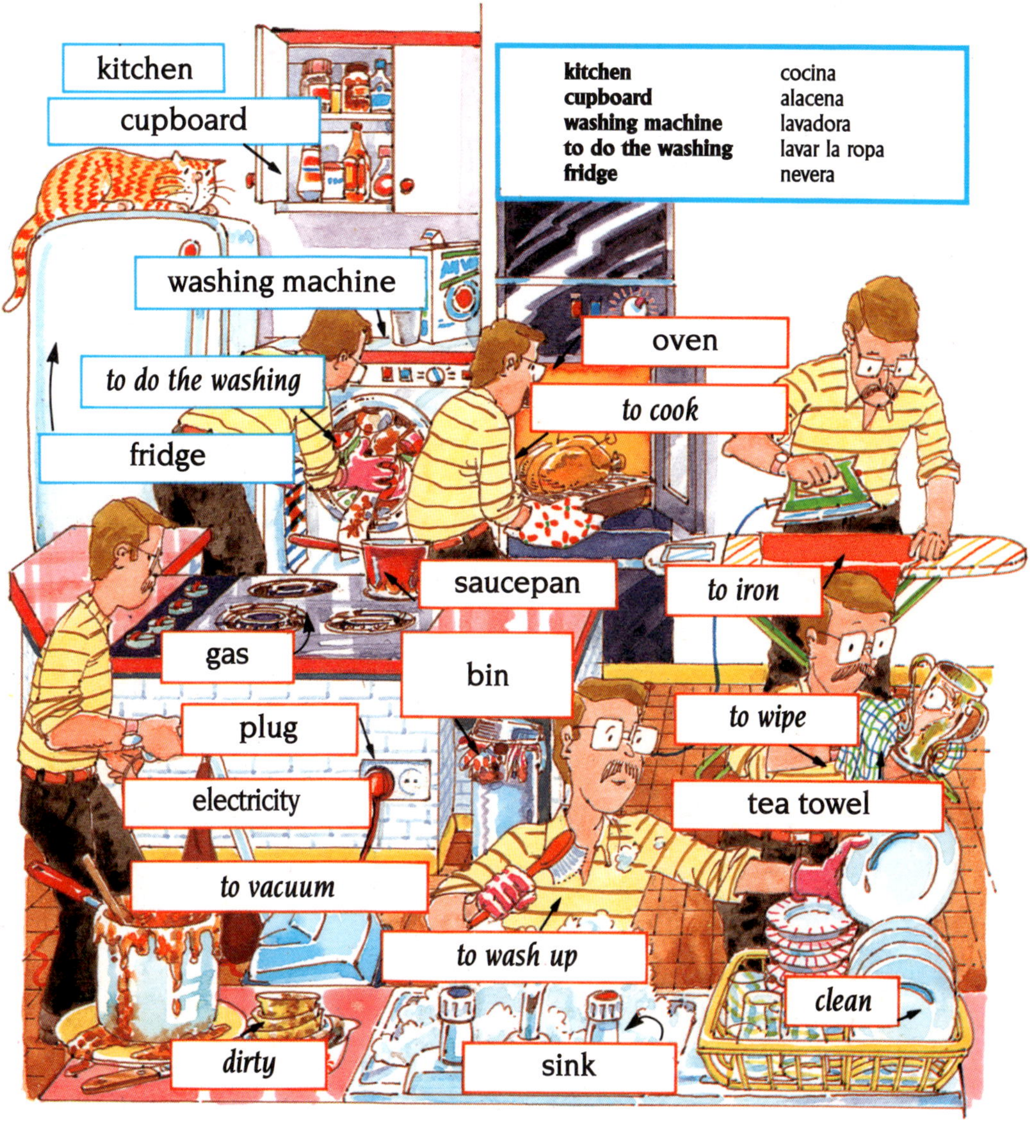

kitchen	cocina
cupboard	alacena
washing machine	lavadora
to do the washing	lavar la ropa
fridge	nevera

oven	horno	**to vacuum**	pasar la aspiradora
to cook	cocinar	**to wash up**	fregar los platos
saucepan	cazo	**dirty**	sucio
gas	gas	**sink**	fregadero
bin	cubo de la basura	**to dry, to wipe**	secar
to iron	planchar	**tea towel**	paño
plug	enchufe	**clean**	limpio
electricity	electricidad		

El jardín

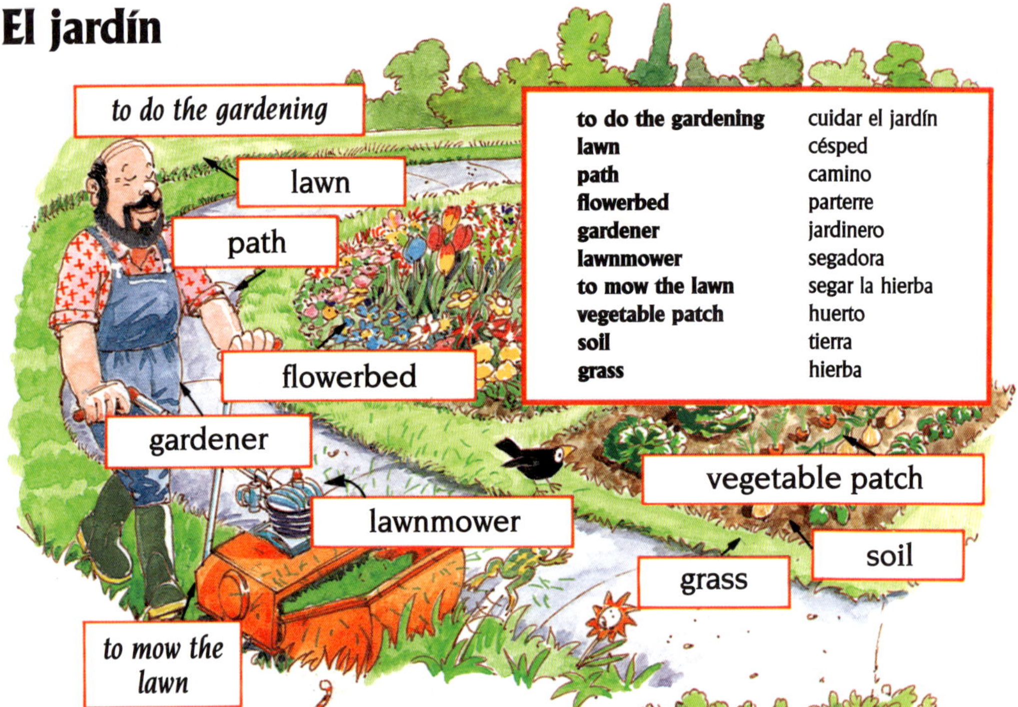

to do the gardening	cuidar el jardín
lawn	césped
path	camino
flowerbed	parterre
gardener	jardinero
lawnmower	segadora
to mow the lawn	segar la hierba
vegetable patch	huerto
soil	tierra
grass	hierba

greenhouse	invernadero
washing line	tendedero
clothes peg	pinza
tree	árbol
bird	pájaro
nest	nido
bush	arbusto
shade	sombra

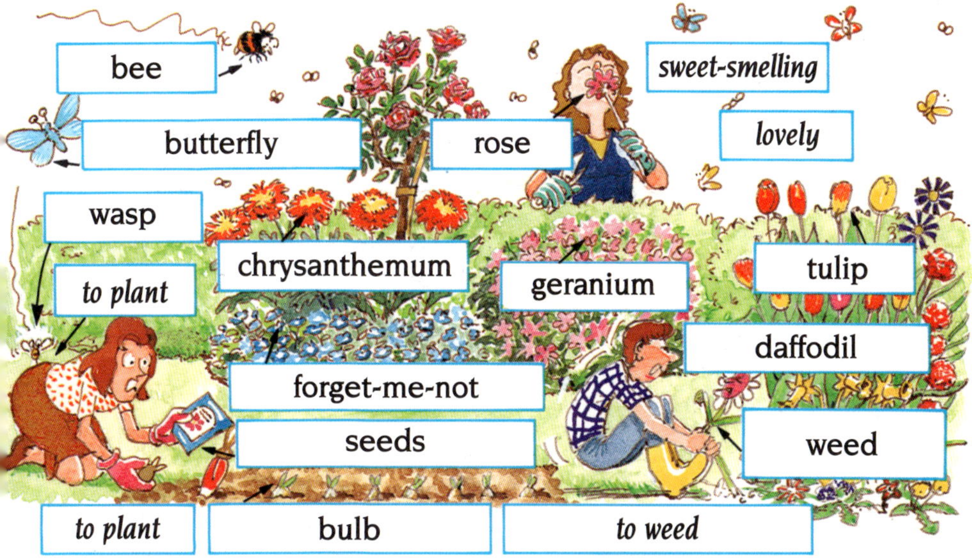

bee	abeja	**tulip**	tulipán
butterfly	mariposa	**forget-me-not**	nomeolvides
wasp	avispa	**daffodil**	narciso
to sting	picar	**seeds**	semillas
rose	rosa	**to plant**	plantar
sweet-smelling	fragante	**bulb**	bulbo
lovely, beautiful	bonito	**to weed**	escardar
chrysanthemum	crisantemo	**weed**	mala hierba
geranium	geranio		

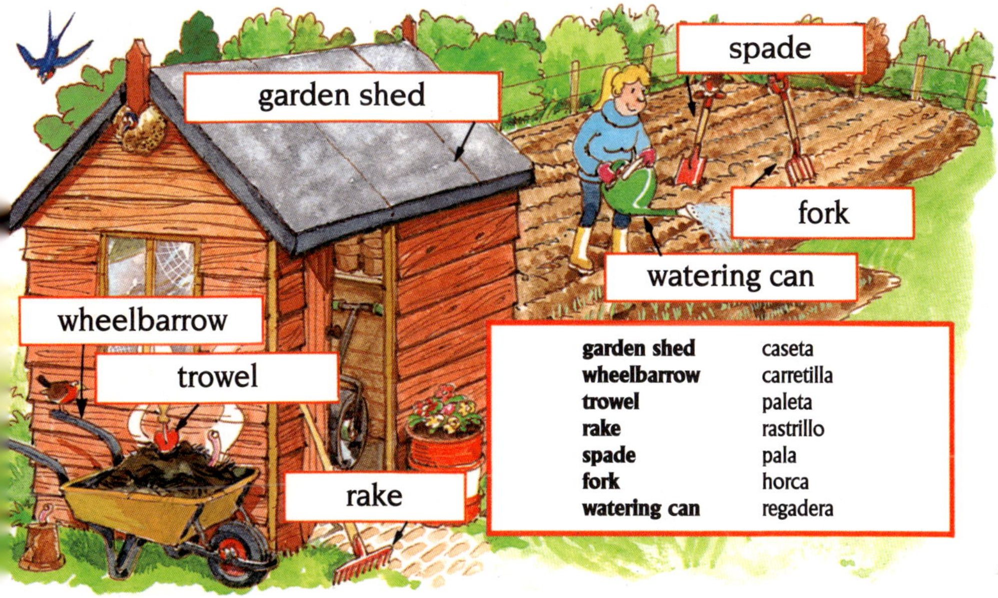

garden shed	caseta
wheelbarrow	carretilla
trowel	paleta
rake	rastrillo
spade	pala
fork	horca
watering can	regadera

Animales domésticos

dog	perro
kennel	caseta del perro
puppy	cachorro
fur	pelaje
paw	pata
playful	juguetón
to bark	ladrar
BEWARE OF THE DOG	CUIDADO CON EL PERRO
to chase	perseguir
to fetch	ir a buscar
tail	rabo
to wag its tail	menear el rabo
to growl	gruñir
to walk the dog	pasear al perro

cat	gato
basket	cesta
to purr	ronronear
kitten	gatito
to mew	maullar
to stretch	estirarse
claw	zarpa
soft	suave
sweet	lindo, mono

budgie	periquito	**rabbit**	conejo
to perch	posarse	**tortoise**	tortuga
wing	ala	**cage**	jaula
beak	pico	**to feed**	dar de comer
feather	pluma	**goldfish**	pez de colores
hamster	hámster	**mouse (pl.: mice)**	ratón
hedgehog	erizo	**bowl**	pecera
guinea pig	cobaya		

¡A levantarse!

to wake up	despertarse
Good morning!	¡Buenos días!
to rub you eyes	frotarse los ojos
to yawn	bostezar
alarm clock	despertador

to get up	levantarse
to open the curtains	abrir las cortinas
dressing gown	bata

shower	ducha
to have a shower	ducharse
to wash your hair	lavarse el pelo
shampoo	champú
to wash, to have a wash	lavarse
soap	jabón
flannel	toallita
to dry yourself	secarse
towel	toalla
naked	desnudo

to shave	afeitarse
mirror	espejo
electric shaver	maquinilla eléctrica
razor	maquinilla de afeitar
shaving foam	espuma de afeitar

tap	grifo
hot water	agua caliente
cold water	agua fría
toothpaste	pasta de dientes
toothbrush	cepillo de dientes
to clean your teeth	lavarse los dientes

to dry your hair	secarse el pelo
hairdrier	secador
brush	cepillo
comb	peine
to comb your hair	peinarse
to brush your hair	cepillarse el pelo

to put on make-up	maquillarse
mascara	rímel
fundation cream	maquillaje
lipstick	barra de labios
perfume	perfume

La ropa

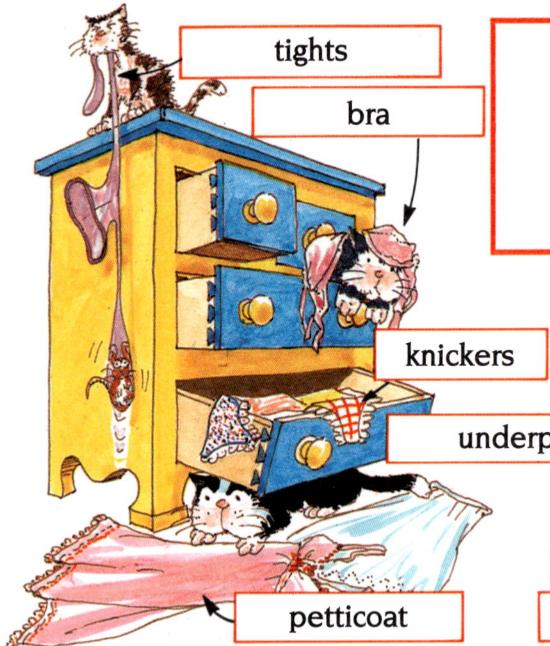

tights	medias
bra	sujetador
knickers	bragas
underpants	calzoncillos
socks	calcetines
vest	camiseta
petticoat, slip	combinación

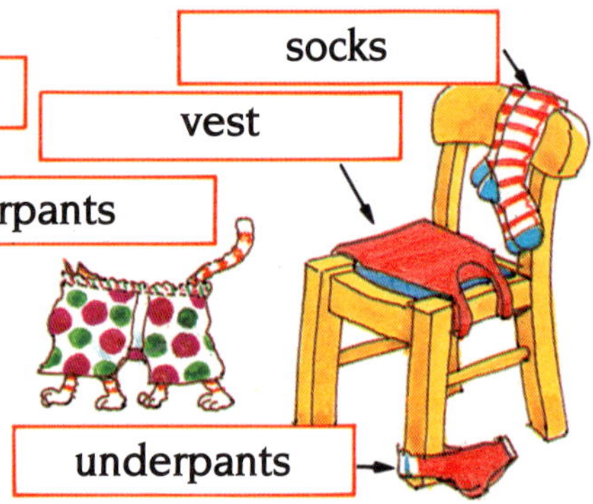

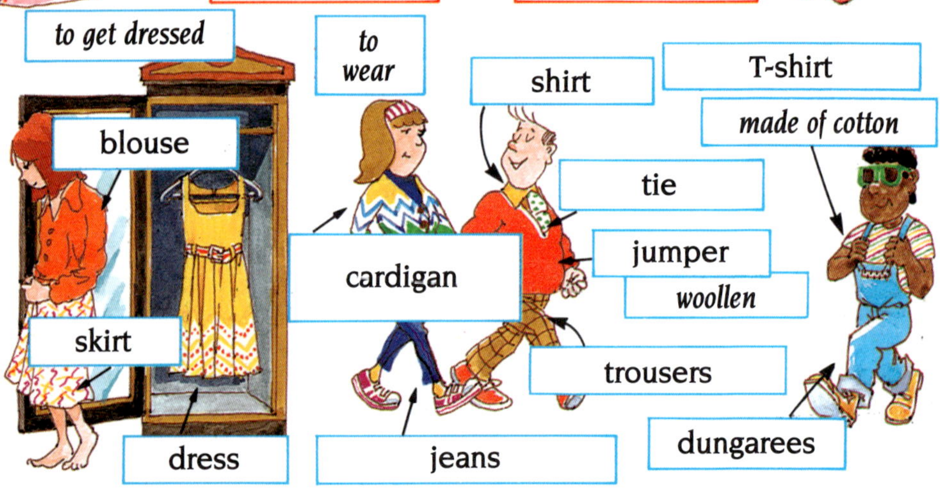

to get dressed	vestirse	**tie**	corbata
blouse	blusa	**jumper**	jersey
skirt	falda	**woollen**	de lana
dress	vestido	**trousers**	pantalones
to wear	llevar puesto	**T-shirt**	camiseta
cardigan	chaqueta de lana	**cotton, made of cotton**	de algodón
jeans	pantalón vaquero	**dungarees**	mono
shirt	camisa		

jewellery	joyas
earrings	pendientes
brooch	broche
bracelet	pulsera
watch	reloj de pulsera
ring	anillo
wedding ring	alianza
necklace	collar

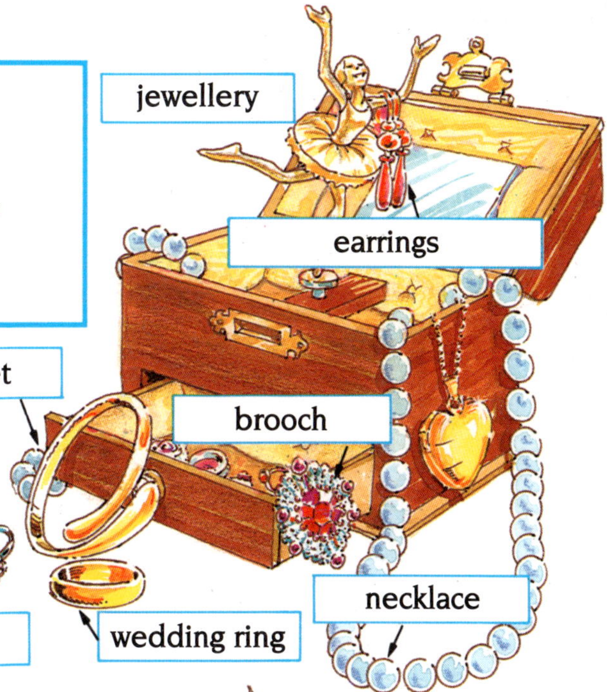

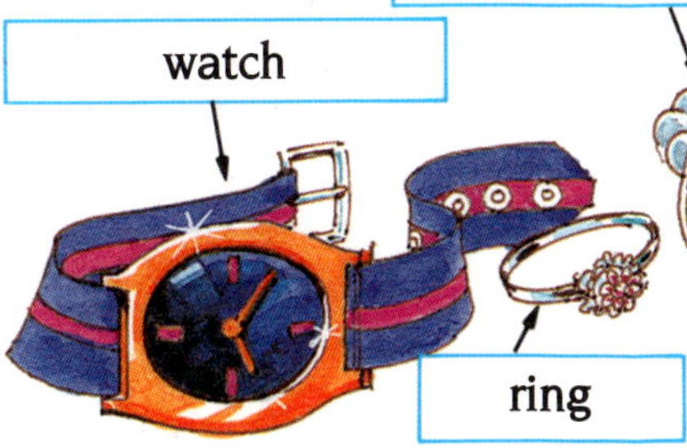

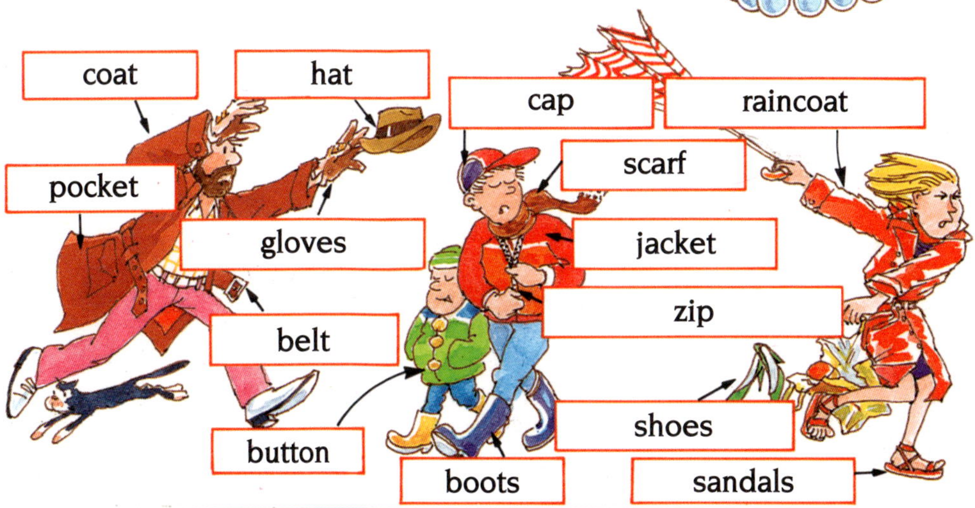

coat	abrigo	**cap**	gorra
hat	sombrero	**raincoat**	impermeable
pocket	bolsillo	**scarf**	bufanda
gloves	guantes	**jacket**	cazadora
belt	cinturón	**zip**	cremallera
button	botón	**shoes**	zapatos
boots	botas	**sandals**	sandalias

¡A la cama!

bedtime	hora de acostarse
to switch the light on	encender la luz
to be sleepy	tener sueño
to tidy up	recoger
to get undressed	desvertirse

to run a bath	llenar la bañera
to have a bath	bañarse
bath	baño
plug	tapón
bathrobe	albornoz
to splash	salpicar, chapotear
bathmat	alfombra de baño
scales	báscula

to go bed	irse a la cama
pyjamas	pijama
nightdress	camisón
slippers	zapatillas

lullaby	nana
to read a story	leer un cuento
cot	cuna
to fall asleep	quedarse dormido

Good-night.	Buenas noches.	**bedside table**	mesilla de noche
Sleep well.	Que duermas bien.	**duvet**	edredón
to dream	soñar	**bed**	cama
to sleep	dormir	**to snore**	roncar
to switch the light off	apagar la luz	**pillow**	almohada
bedside lamp	lamparilla	**sheet**	sábana
		bedspread	colcha

Comidas y bebidas

to lay the table	poner la mesa
It´s ready!	¡A comer!
coffee-pot	cafetera
teapot	tetera
napkin	servilleta
glass	vaso
bowl	cuenco, tazón
plate	plato
cup	taza
saucer	platillo
tablecloth	mantel
jug	jarra
spoon	cuchara
knife	cuchillo
fork	tenedor

Help yourselves.	Servíos.
Enjoy your meal!	¡Que aproveche!
to be thirsty	tener sed
to drink	beber
to be hungry	tener hambre
to eat	comer
It tastes good.	¡Qué rico!
to have eaten well	haber comido bien

breakfast	desayuno
fruit juice	zumo
coffee	café
tea	té
butter	mantequilla
bread	pan

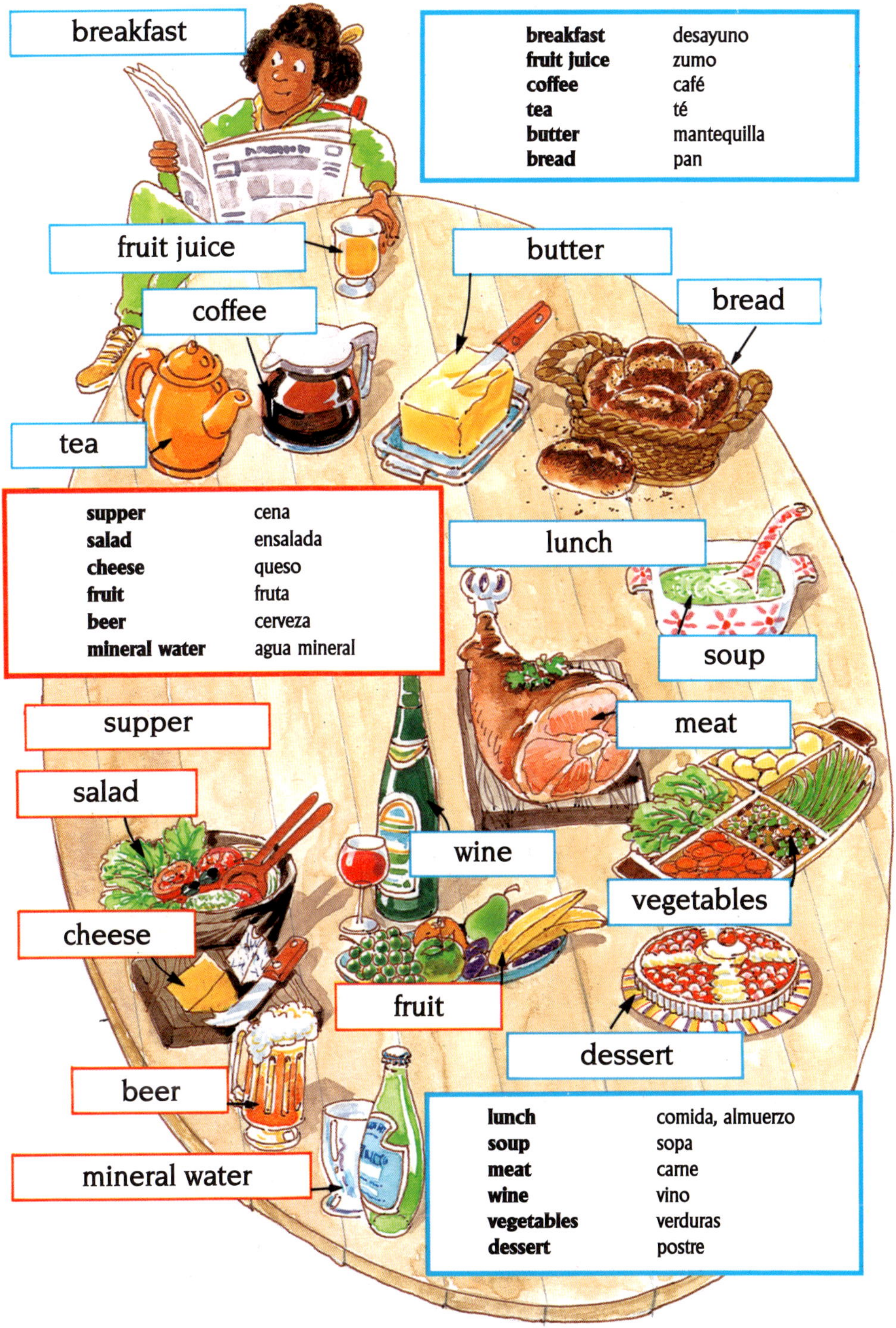

supper	cena
salad	ensalada
cheese	queso
fruit	fruta
beer	cerveza
mineral water	agua mineral

lunch	comida, almuerzo
soup	sopa
meat	carne
wine	vino
vegetables	verduras
dessert	postre

La compra

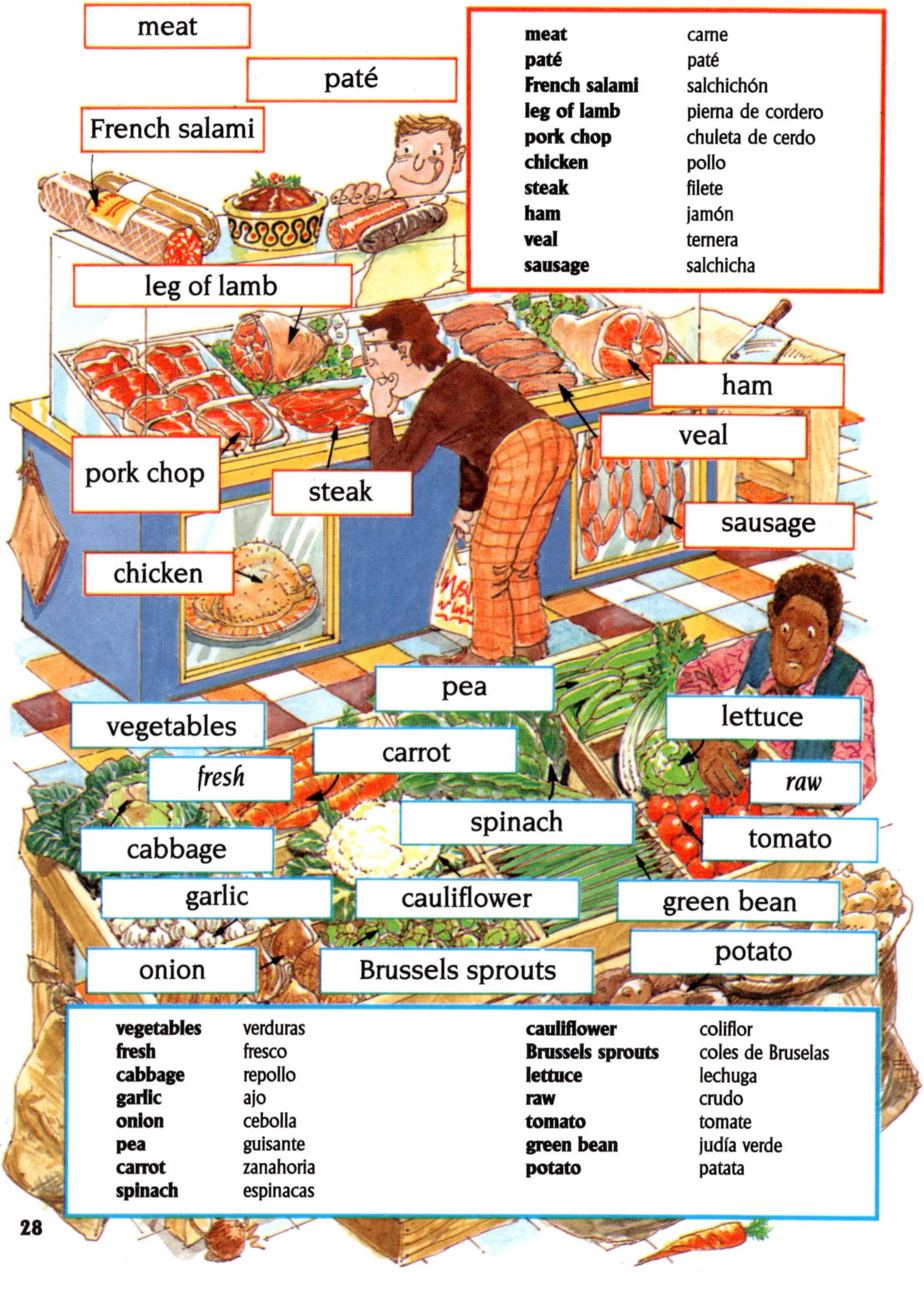

meat	carne
paté	paté
French salami	salchichón
leg of lamb	pierna de cordero
pork chop	chuleta de cerdo
chicken	pollo
steak	filete
ham	jamón
veal	ternera
sausage	salchicha

vegetables	verduras
fresh	fresco
cabbage	repollo
garlic	ajo
onion	cebolla
pea	guisante
carrot	zanahoria
spinach	espinacas
cauliflower	coliflor
Brussels sprouts	coles de Bruselas
lettuce	lechuga
raw	crudo
tomato	tomate
green bean	judía verde
potato	patata

fish	pez, pescado
sole	lenguado
sea food	marisco
trout	trucha
salmon	salmón

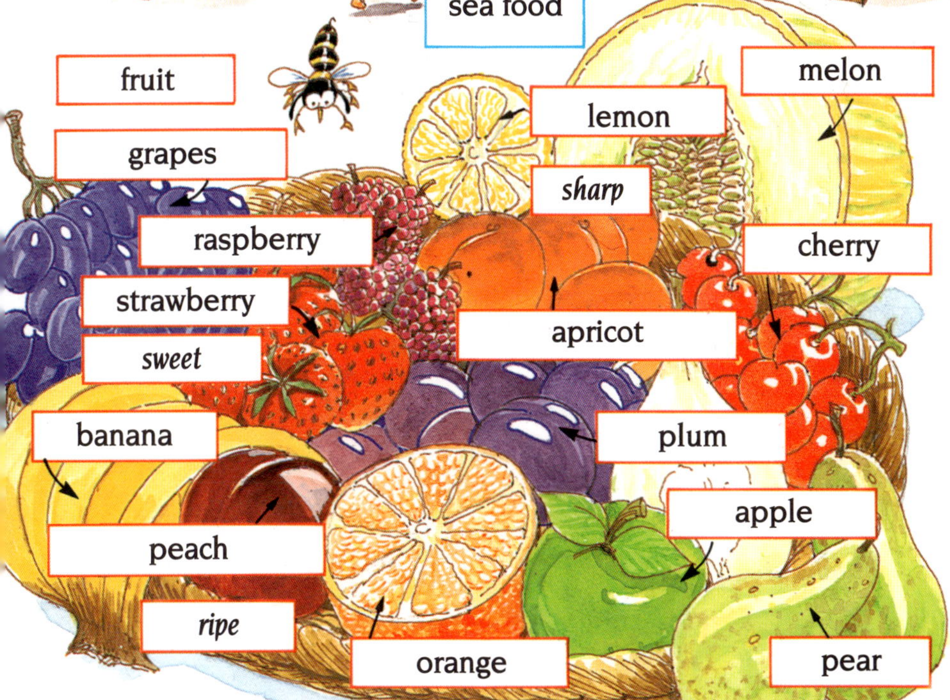

fruit	fruta	**bitter, sharp**	amargo
grapes	uvas	**melon**	melón
raspberry	frambuesa	**cherry**	cereza
sweet	dulce	**apricot**	albaricoque
banana	plátano	**plum**	ciruela
peach	melocotón	**apple**	manzana
ripe	maduro	**pear**	pera
lemon	limón	**orange**	naranja

La compra (cont.)

pasta	pasta
noodles	fideos
beans	judías
cream	nata
milk	leche
margarine	margarina
yoghurt	yogur
honey	miel
eggs	huevos
jam	mermelada
sugar	azúcar
flour	harina

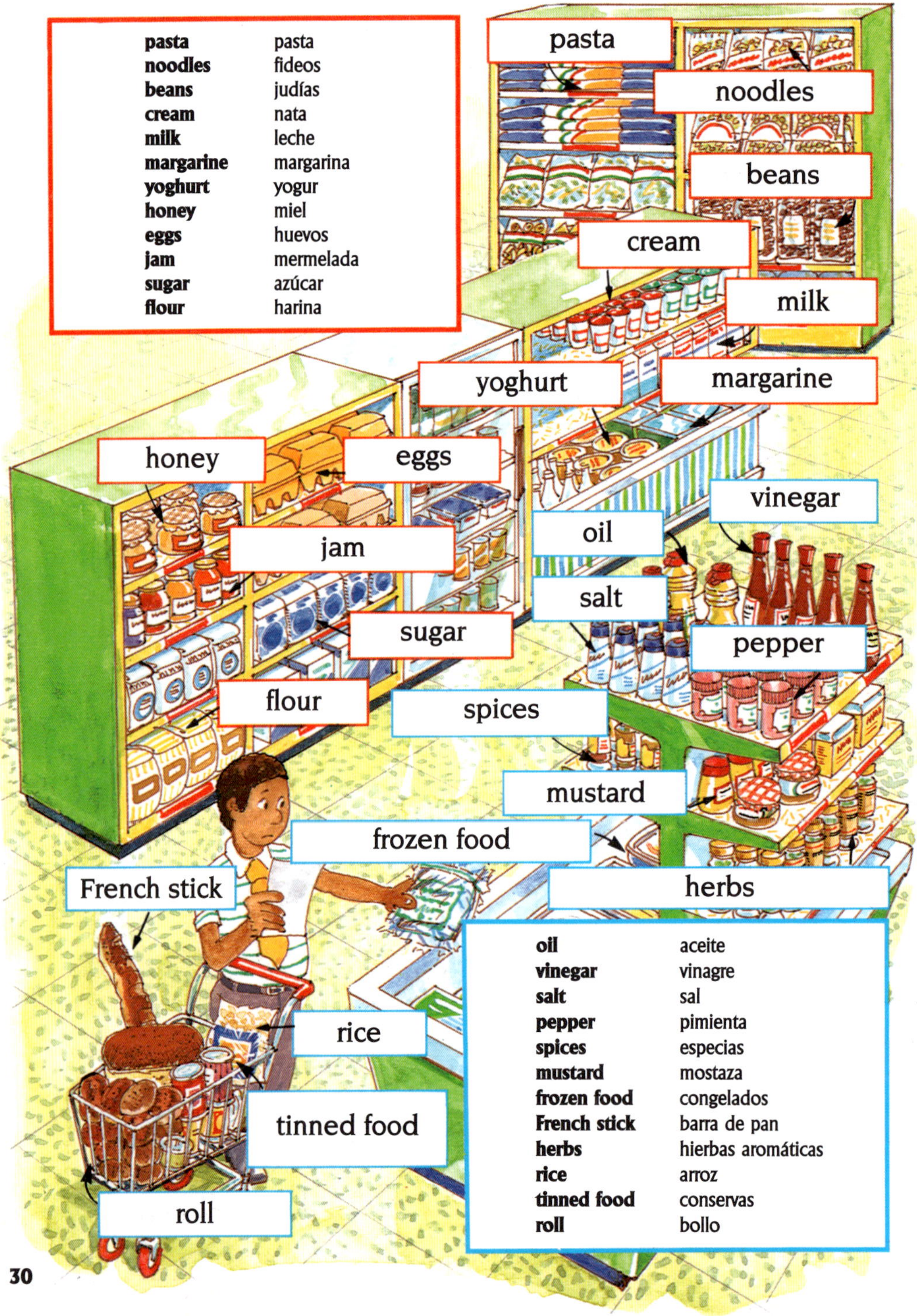

oil	aceite
vinegar	vinagre
salt	sal
pepper	pimienta
spices	especias
mustard	mostaza
frozen food	congelados
French stick	barra de pan
herbs	hierbas aromáticas
rice	arroz
tinned food	conservas
roll	bollo

chocolate	chocolate
biscuit	galleta
tart	tarta
doughnut	rosquilla
cake	bizcocho
ice-cream	helado
pastry	bollo

to cook	cocinar
recipe	receta
ingredients	ingredientes
to mix	mezclar
to taste	probar
flavour, taste	sabor
Delicious!	¡Buenísimo!

Pasatiempos

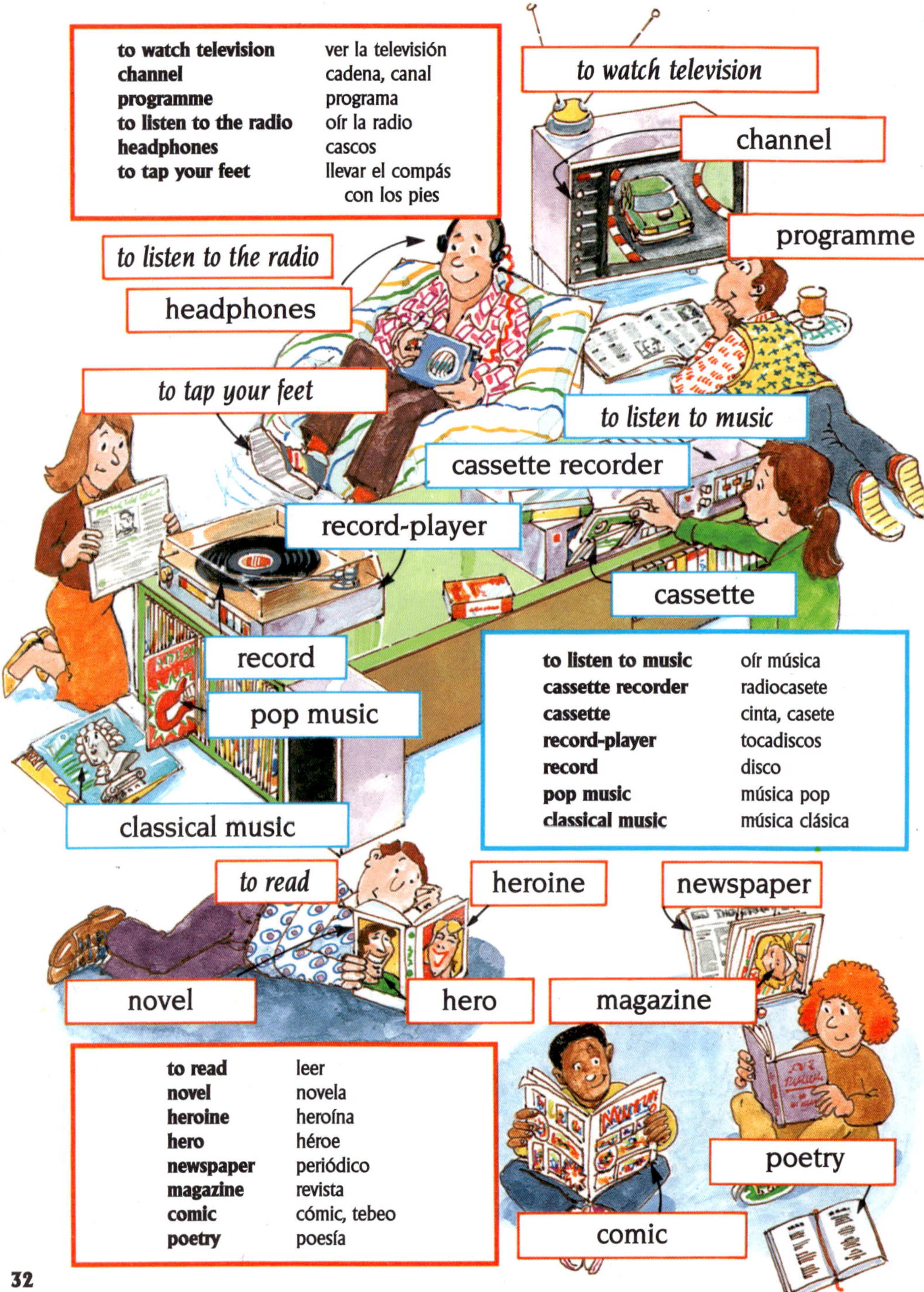

to watch television	ver la televisión
channel	cadena, canal
programme	programa
to listen to the radio	oír la radio
headphones	cascos
to tap your feet	llevar el compás con los pies

to listen to music	oír música
cassette recorder	radiocasete
cassette	cinta, casete
record-player	tocadiscos
record	disco
pop music	música pop
classical music	música clásica

to read	leer
novel	novela
heroine	heroína
hero	héroe
newspaper	periódico
magazine	revista
comic	cómic, tebeo
poetry	poesía

to knit	hacer punto
knitting needles	agujas de hacer punto
pattern	patrón
wool	lana

to sew	coser
fabric	tela
scissors	tijeras
thread	hilo
pin	alfiler
needle	aguja
to make	hacer, confeccionar

woodwork	carpintería
to do odd jobs	hacer pequeños trabajos
saw	sierra
to make, to manufacture	hacer, fabricar
hammer	martillo
skilful, good with your hands	hábil, manitas
to mend	arreglar
screwdriver	destornillador

Pasatiempos (cont.)

photography	fotografía
to take a photograph	hacer una foto
camera	máquina fotográfica
video camera	cámara de vídeo
film	película
photograph	foto
in focus	enfocado
out of focus	desenfocado

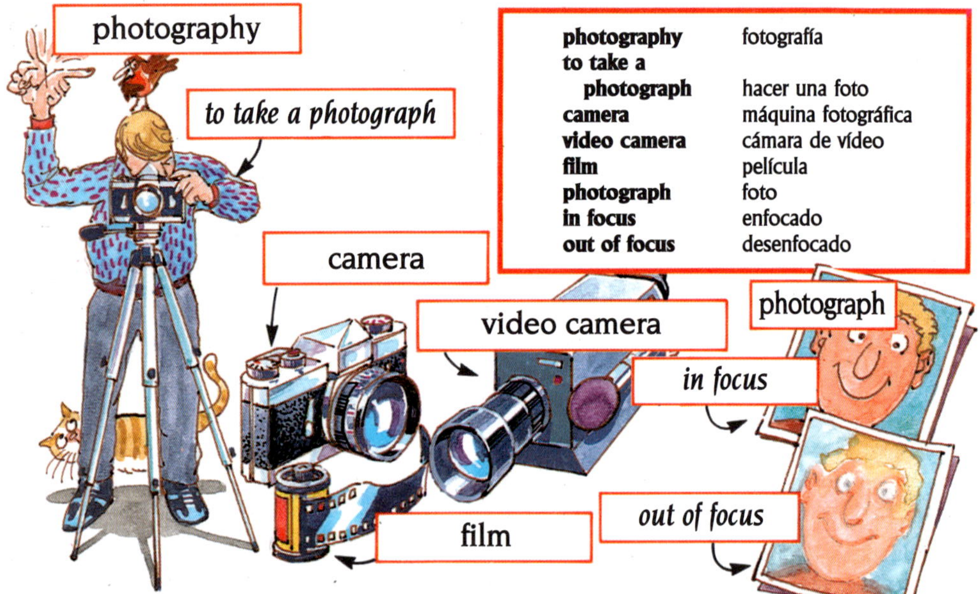

art gallery	galería de arte	**to paint**	pintar
painter	pintor	**brush**	pincel
painting	cuadro	**paint**	pintura
exhibition	exposición		

to sort, to sort out	clasificar
to stick	pegar
to collect stamps	coleccionar sellos
collection	colección

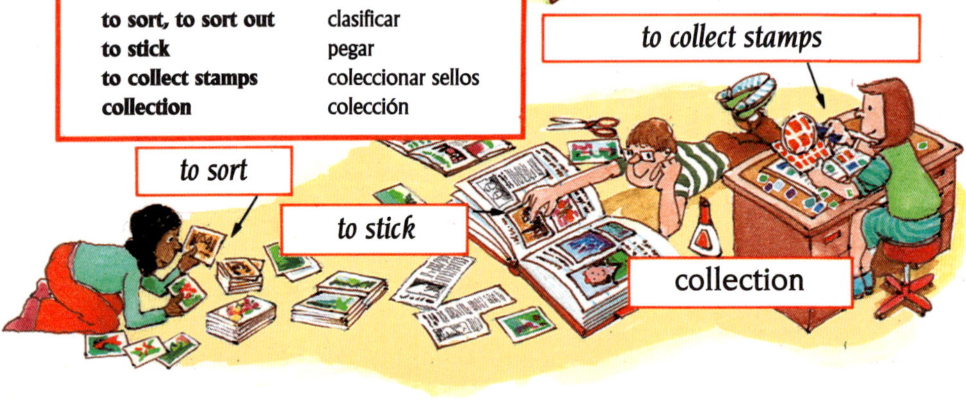

musician	músico	**to play the drums**	tocar el tambor
instrument	instrumento	**to play the trumpet**	tocar la trompeta
to play the violin	tocar el violín	**to play the cello**	tocar el violonchelo
to play the piano	tocar el piano	**orchestra**	orquesta
to play the guitar	tocar la guitarra	**conductor**	director de orquesta

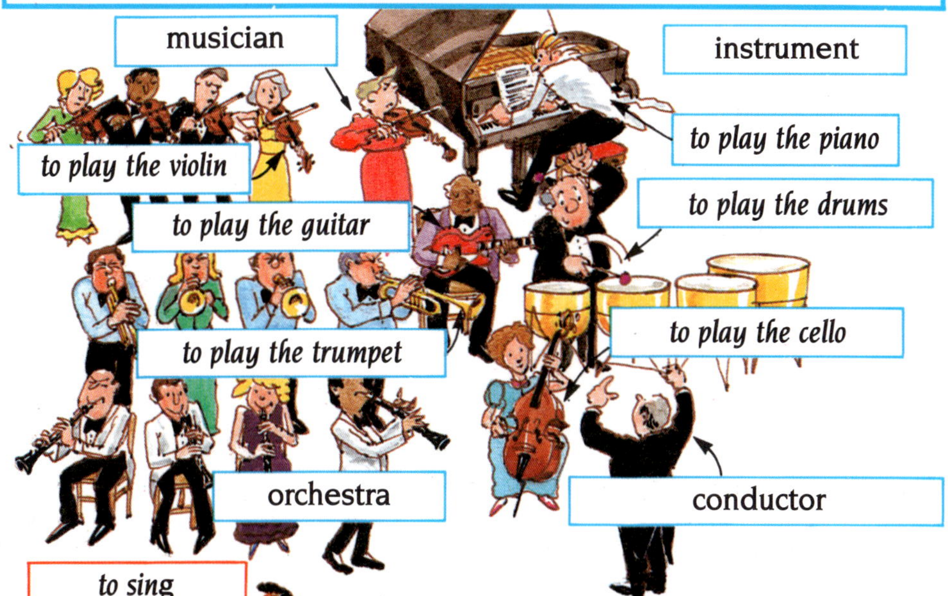

to sing	cantar
tune	canción
choir	coro
to sing out of tune	desafinar

games	juegos
to play cards	jugar a las cartas
to play draughts	jugar a las damas
to play chess	jugar al ajedrez
board game	juego de mesa

Salir

cinema	cine
to go to the cinema	ir al cine
film	película
seat	butaca
usherette	acomodadora
box-office	taquilla

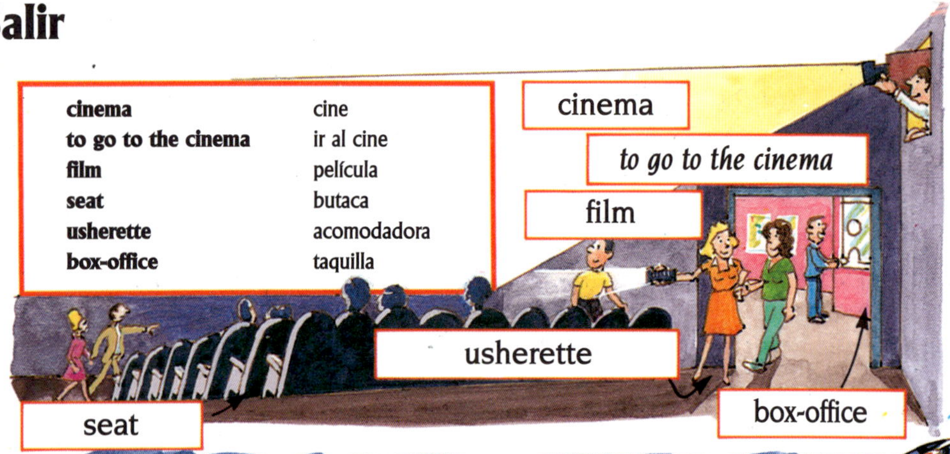

to go to discotheque	ir a una discoteca
disc jockey	pinchadiscos
to dance	bailar
dance floor	pista

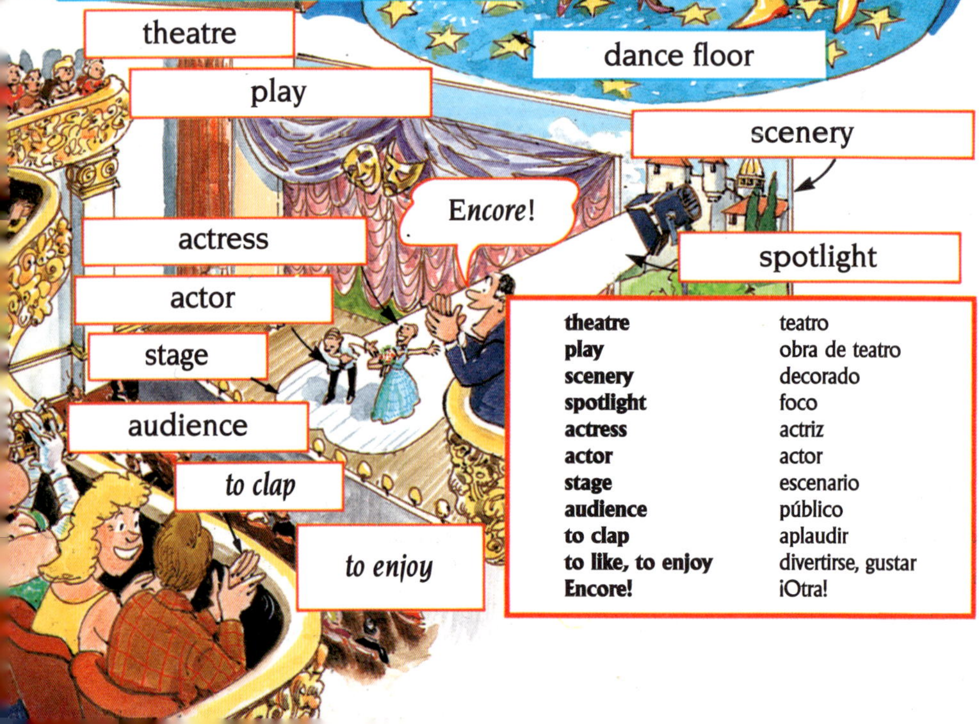

theatre	teatro
play	obra de teatro
scenery	decorado
spotlight	foco
actress	actriz
actor	actor
stage	escenario
audience	público
to clap	aplaudir
to like, to enjoy	divertirse, gustar
Encore!	¡Otra!

ballet	ballet	**opera**	ópera
ballet dancer	bailarín de ballet	**singer**	cantante
famous	famoso	**costume**	traje

restaurant	restaurante	**dessert, pudding**	postre
waiter	camarero	**bill**	cuenta
menu	carta	**Is service included?**	¿Está incluido el servicio?
What would you like?	¿Qué va a tomar?	**Service not included!**	¡Servicio no incluido!
to order	pedir	**tip**	propina
to serve	servir	**tray**	bandeja
starter	primer plato		
main course	segundo plato		

En el zoo

zoo	zoo
animal	animal
zebra	cebra
giraffe	jirafa
polar bear	oso polar
elephant	elefante
trunk	trompa
tusk	colmillo
gorilla	gorila
wild	salvaje
tame	domesticado
to feed	dar de comer
zoo keeper	guarda

En el parque

park	parque
pond	estanque
rowing boat	bote de remos
to row	remar
oar	remo
picnic	comida campestre
bench	banco
to rest	descansar

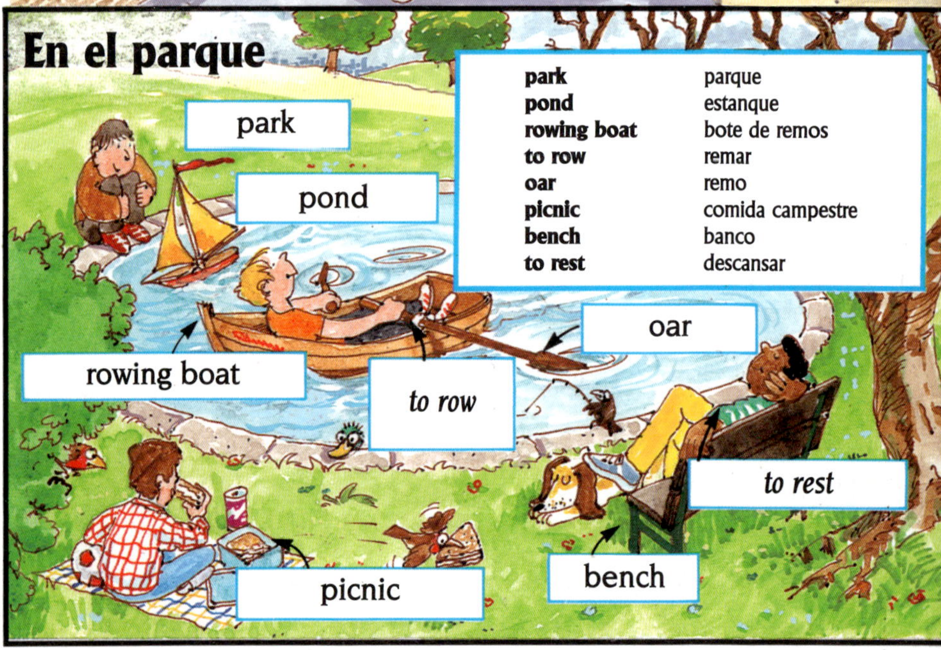

monkey	mono
kangaroo	canguro
ostrich	avestruz
camel	camello
hump	joroba
eagle	águila
penguin	pingüino
hippopotamus	hipopótamo
cage	jaula
lion	león
to roar	rugir
tiger	tigre
snake	serpiente

park keeper	guarda
swing	columpio
to keep an eye on	vigilar
to climb	trepar, subir
to dig	cavar
slide	tobogán
roundabout	tiovivo
to hang on	agarrarse

En la ciudad

city	gran ciudad
suburb	afueras
town	ciudad
skyscraper	rascacielos
cathedral	catedral
river	río
bridge	puente
district	barrio
building	edificio
church	iglesia
cemetery	cementerio

fire station	parque de bomberos	**offices, office block**	oficinas
fire engine	coche de bomberos	**police station**	comisaria
factory	fábrica	**police car**	coche de policía
town hall	ayuntamiento	**library**	biblioteca

town centre	centro de la ciudad
street	calle
narrow	estrecho
broad	ancho
corner	esquina
to cross the streeet	cruzar la calle
pedestrian	peatón
square	plaza
statue	estatua
street light	farola
market place	mercado
subway	paso subterráneo

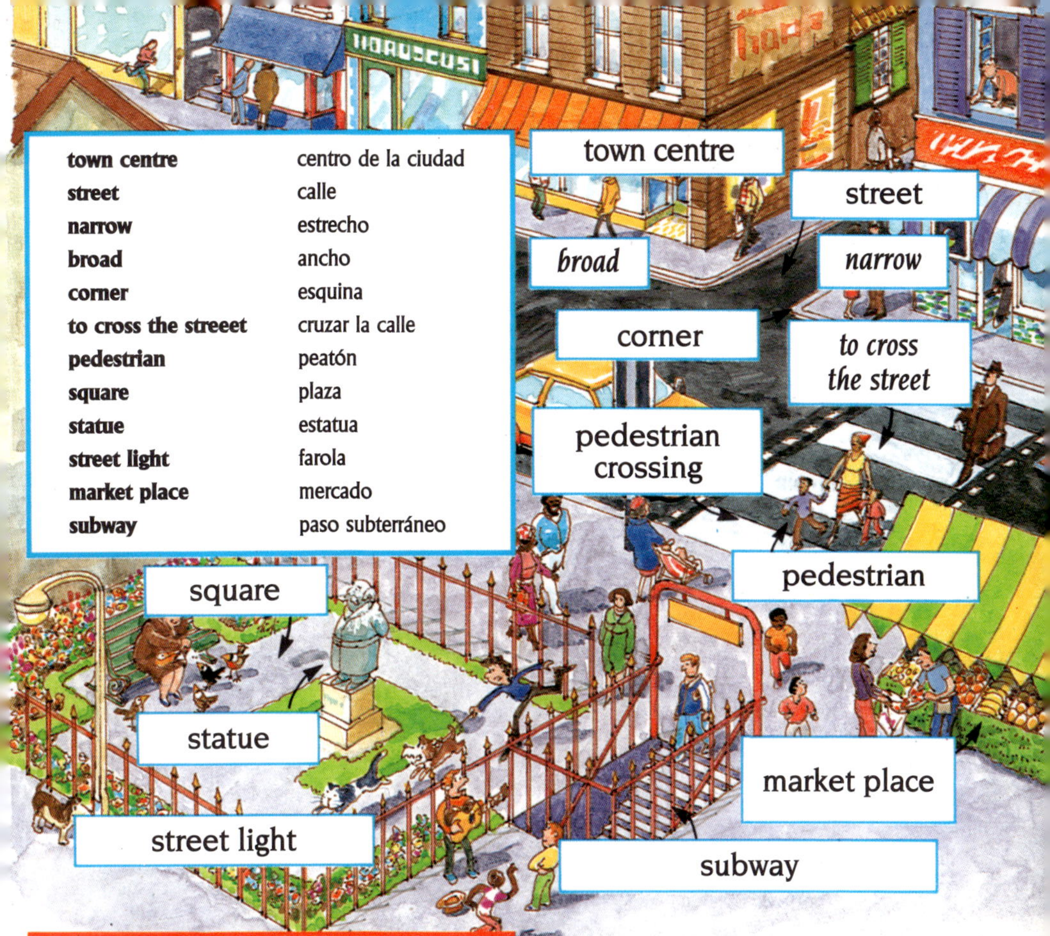

newspaper-stand	quiosco
pigeon	paloma
crowd	multitud
bustling, busy	bullicioso
litter bin	papelera
pavement	acera
to hurry	darse prisa
advertisement	anuncio

De compras

to make a list	hacer una lista
shopping bag	bolsa de la compra

shops	tiendas	**chemist**	farmacia
to go shopping	ir de compras	**bookshop**	librería
butcher	carnicería	**needlecraft**	mercería
delicatessen	ultramarinos	**florist**	floristeria
grocery shop	tienda de comestibles	**hairdreser**	peluqueria
bakery	panadería	**record shop**	tienda de discos
cake shop	pastelería	**boutique**	tienda de ropa
fishmonger	pescadería		

to shop at the market	ir al mercado
market stall	puesto
to queue	hacer cola

How much do I owe you?	¿Cuánto es?
That will be...	Son...
to weigh	pesar
A kilo of...	Un kilo de...
Half a kilo of...	Medio kilo de...

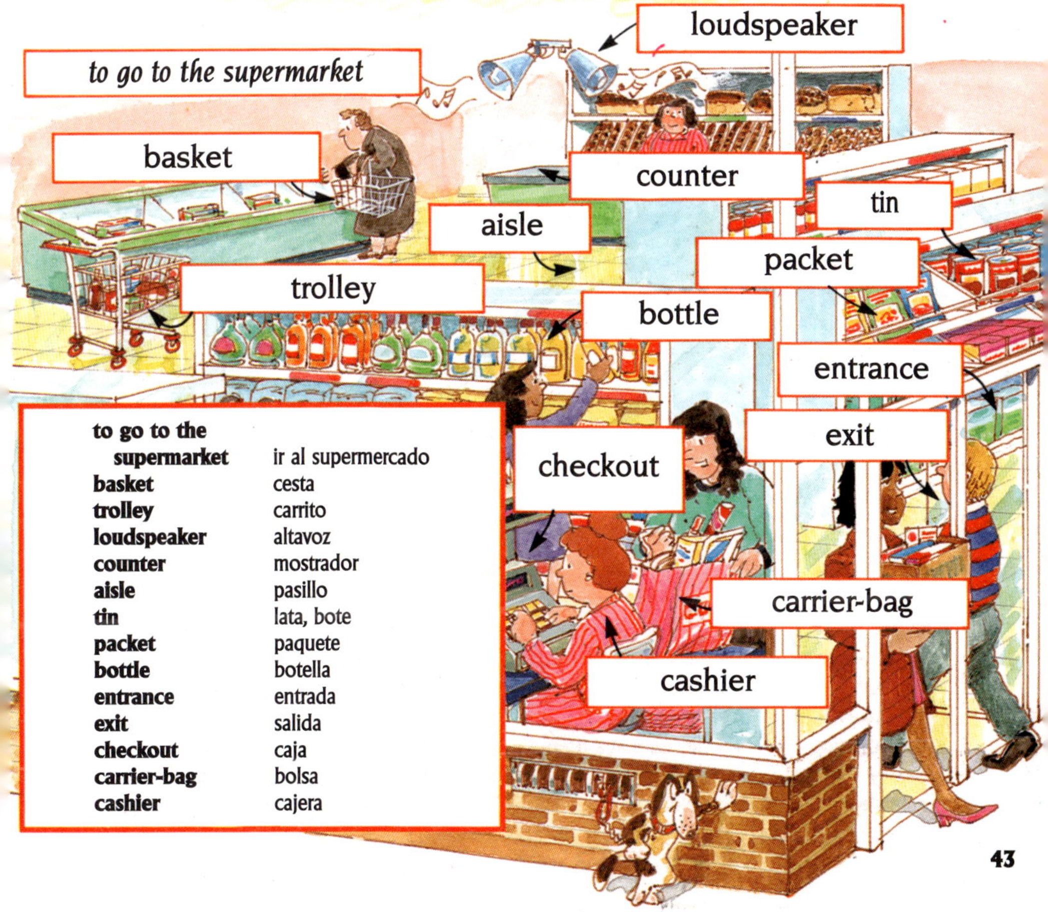

to go to the supermarket	ir al supermercado
basket	cesta
trolley	carrito
loudspeaker	altavoz
counter	mostrador
aisle	pasillo
tin	lata, bote
packet	paquete
bottle	botella
entrance	entrada
exit	salida
checkout	caja
carrier-bag	bolsa
cashier	cajera

De compras (cont.)

to go window-shopping	ver escaparates	**SALE**	REBAJAS
window display, shop window	escaparate	**a bargain**	una ganga
It's good value.	Es barato.	**customer**	cliente
It's expensive.	Es caro.	**to buy**	comprar
		shop assistant	dependienta
		to sell	vender

to spend money	gastar dinero	**small**	pequeño
price	precio	**medium**	mediano
receipt	recibo	**large**	grande
Can I help you?	¿Qué desea?	**How much is...?**	¿Cuánto cuesta?
I would like...	Quería...	**It costs...**	Cuesta...
What size is this?	¿De qué talla es?		

bookshop and stationer's	librería-papelería
book	libro
paperback	libro de bolsillo
envelope	sobre
postcard	postal
ball-point pen	bolígrafo
pencil	lápiz
writing paper	papel de cartas

department store	grandes almacenes
department	sección
escalator	escalera mecánica
lift	ascensor
Toys	juguetes
Furniture	muebles
Sports equipment	deportes
Clothes	ropa

En correos y en el banco

post office	correos
post-box	buzón
to post	echar al correo
letter	carta
parcel	paquete
collection times	horas de recogida
to send	enviar, mandar
telegram	telegrama
form	impreso
stamp	sello
airmail	por avión
address	dirección
postal code	código postal

postman	cartero
mail	correo
to deliver	repartir

bank	banco
money	dinero
to change money	cambiar dinero
exchange rate	tipo de cambio
bank manger	director de banco
cashier	cajero (m/f)
Have you any small change?	¿Me puede cambiar en monedas?
coin	moneda
note	billete
credit card	tarjeta de crédito
to put money in the bank	ingresar dinero en el banco
to take money out	sacar dinero
cheque-book	talonario
to write a cheque	rellenar un cheque
wallet	cartera
purse	monedero
handbag	bolso

Llamadas telefónicas y cartas

to make a telephone call	llamar por teléfono	**telephone directory**	guía telefónica
telephone	teléfono	**to answer the telephone**	contestar al telefono
receiver	auricular	**Hello...**	Diga...
to pick up the receiver	coger el teléfono	**Who's speaking?**	¿Quién es?
to dial the number	marcar el número	**It's Laura.**	Soy Laura.
telephone number	número de teléfono	**I'll call you back.**	Ya te llamaré.
area code	prefijo	**Goodbye.**	Hasta luego.
		to hang up	colgar

telephone box	cabina
disaster	catástrofe
to dial 999	llamar a la policía

to write a letter

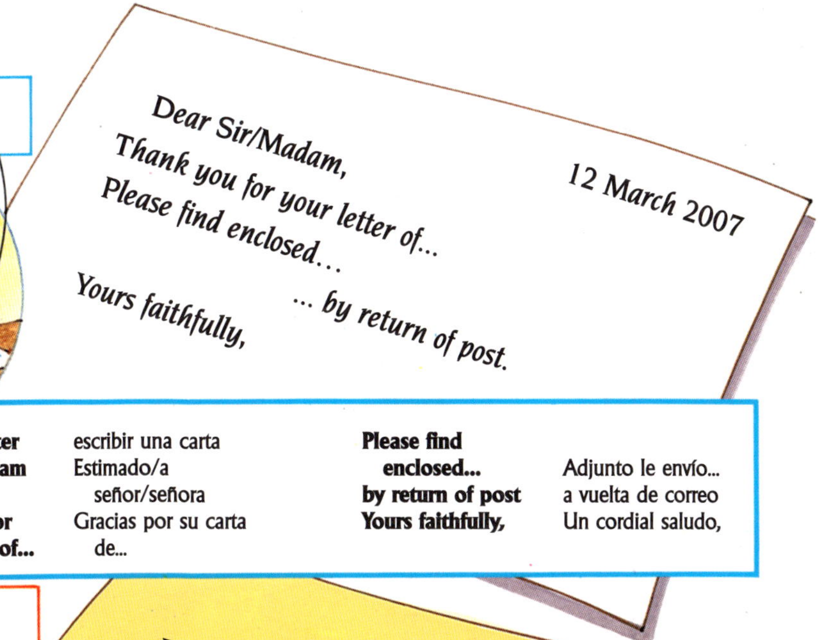

to write a letter	escribir una carta	**Please find enclosed...**	Adjunto le envío...
Dear Sir/Madam	Estimado/a señor/señora	**by return of post**	a vuelta de correo
Thank your for your letter of...	Gracias por su carta de...	**Yours faithfully,**	Un cordial saludo,

to open a letter

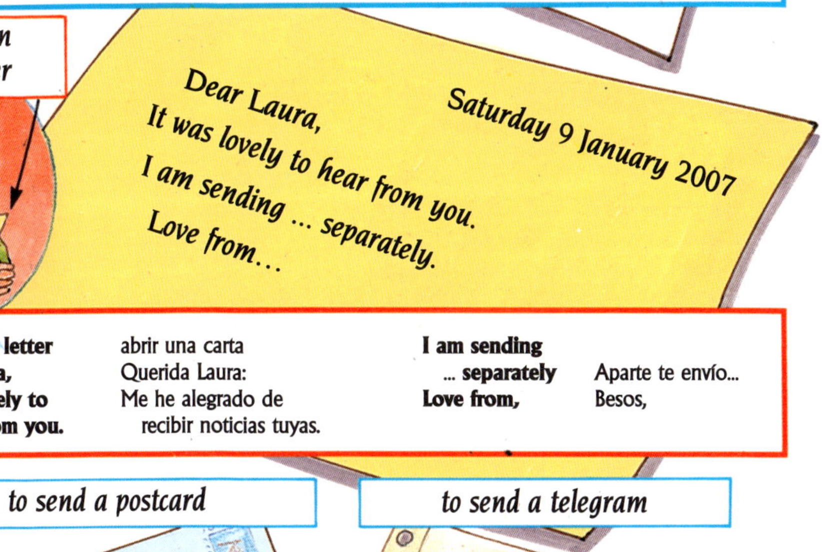

to open a letter	abrir una carta	**I am sending ... separately**	Aparte te envío...
Dear Laura,	Querida Laura:	**Love from,**	Besos,
It was lovely to hear from you.	Me he alegrado de recibir noticias tuyas.		

to send a postcard

to send a telegram

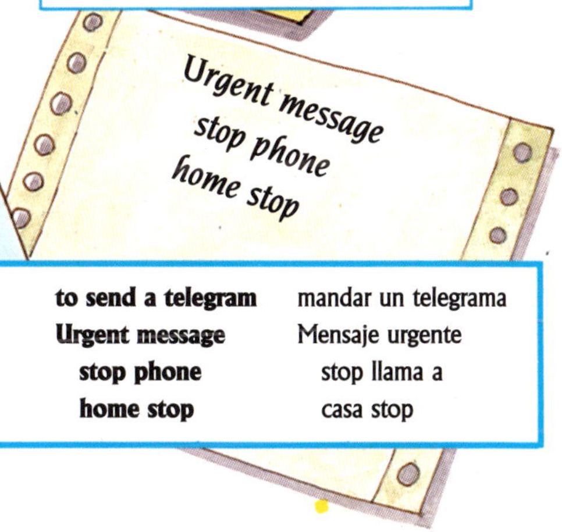

to send a postcard	mandar una postal	**to send a telegram**	mandar un telegrama
Having a lovely time.	Lo estamos pasando muy bien.	**Urgent message**	Mensaje urgente
Thinking of you.	Me acuerdo mucho de ti.	**stop phone home stop**	stop llama a casa stop

Medios de transporte

to walk	andar, caminar	**to ask the way**	preguntar el camino
to run	correr	**map**	mapa
push-chair	cochecito	**signpost**	señal
Which way is...?	¿Por dónde se va a...?	**Is it far to...?**	¿Falta mucho para...?

to take the bus	coger el autobús	**bus**	autobús
passenger	viajero	**bus stop**	parada
to get off	bajarse	**underground station**	estación de metro
to get on	subirse		
ticket	billete	**underground**	metro

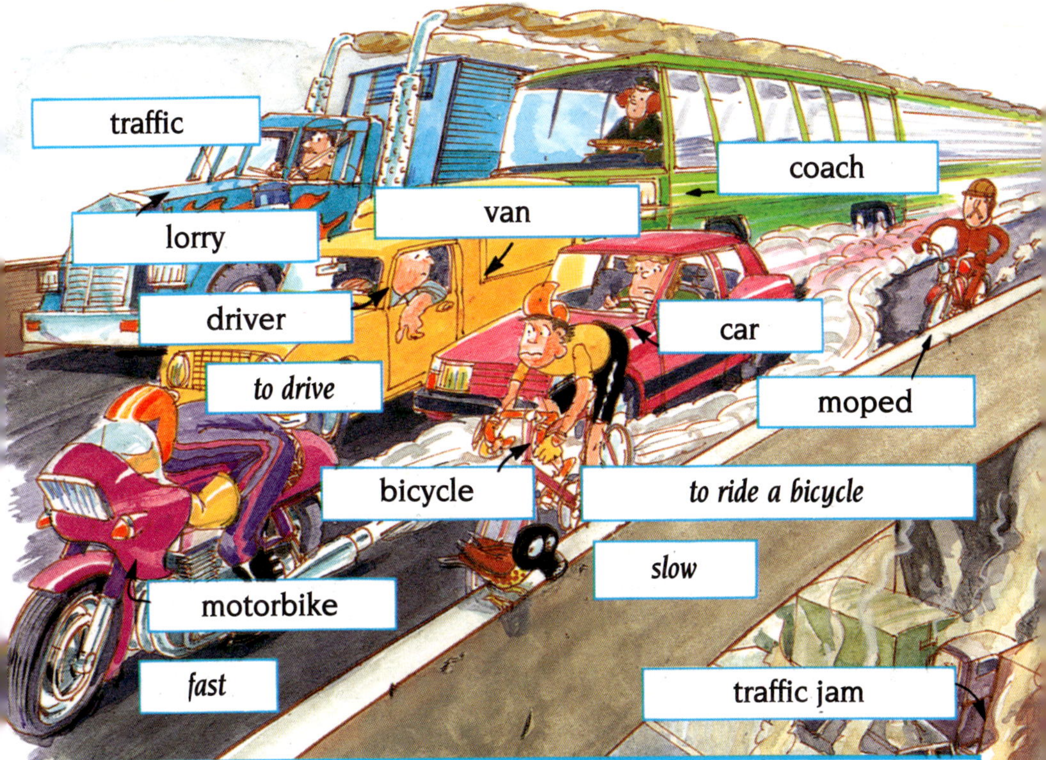

traffic	tráfico	**moped**	ciclomotor
lorry	camión	**to ride a bicycle**	montar en bicicleta
van	furgoneta	**bicycle**	bicicleta
coach	autocar	**slow**	lento
driver	conductor	**motorbike**	moto
to drive	conducir	**fast**	rápido
car	coche	**traffic jam**	atasco

taxi rank	parada de taxis
taxi	taxi
to hail a taxi	parar un taxi
fare	tarifa

Al volante

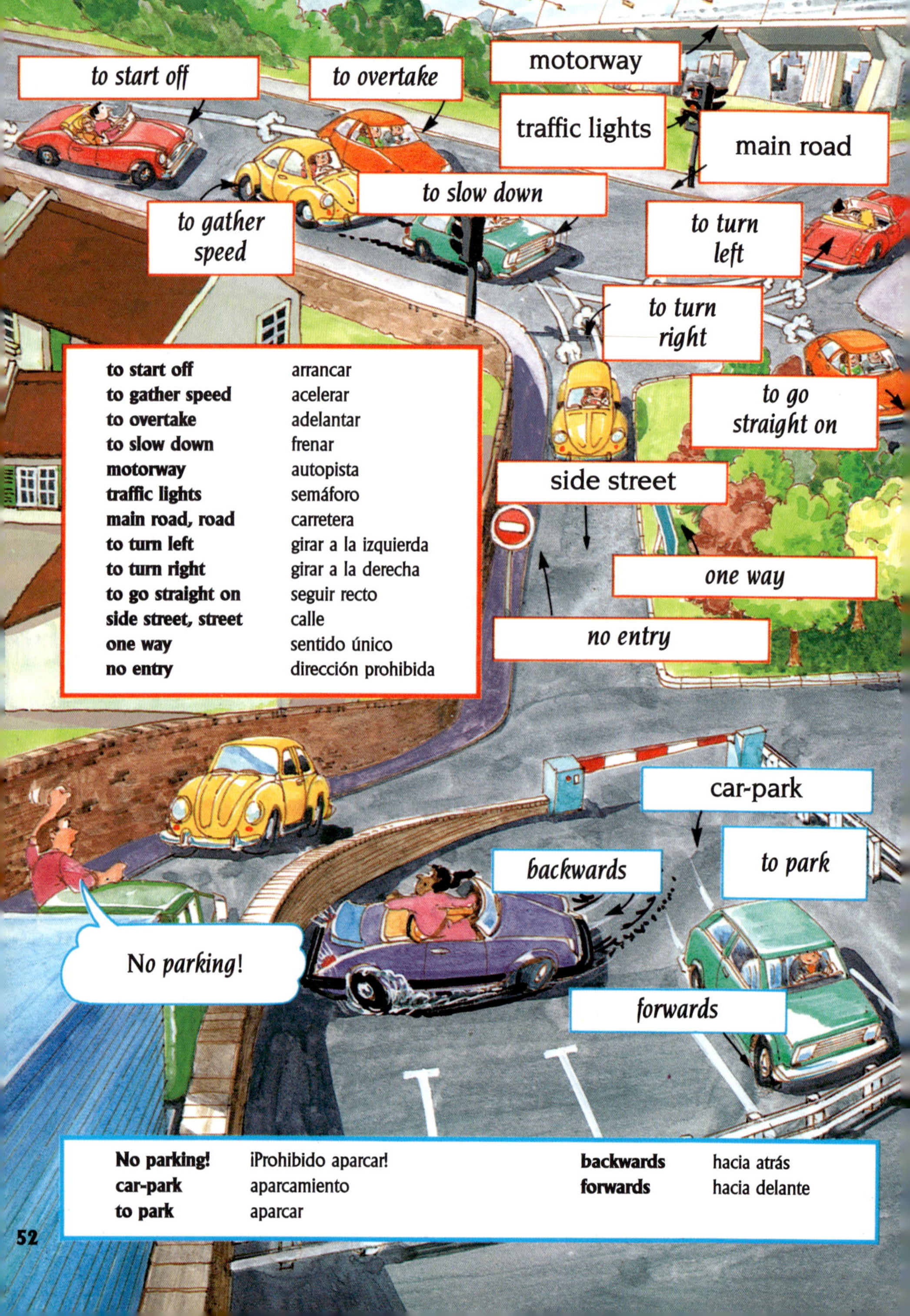

to start off	arrancar
to gather speed	acelerar
to overtake	adelantar
to slow down	frenar
motorway	autopista
traffic lights	semáforo
main road, road	carretera
to turn left	girar a la izquierda
to turn right	girar a la derecha
to go straight on	seguir recto
side street, street	calle
one way	sentido único
no entry	dirección prohibida

No parking!	¡Prohibido aparcar!	**backwards**	hacia atrás
car-park	aparcamiento	**forwards**	hacia delante
to park	aparcar		

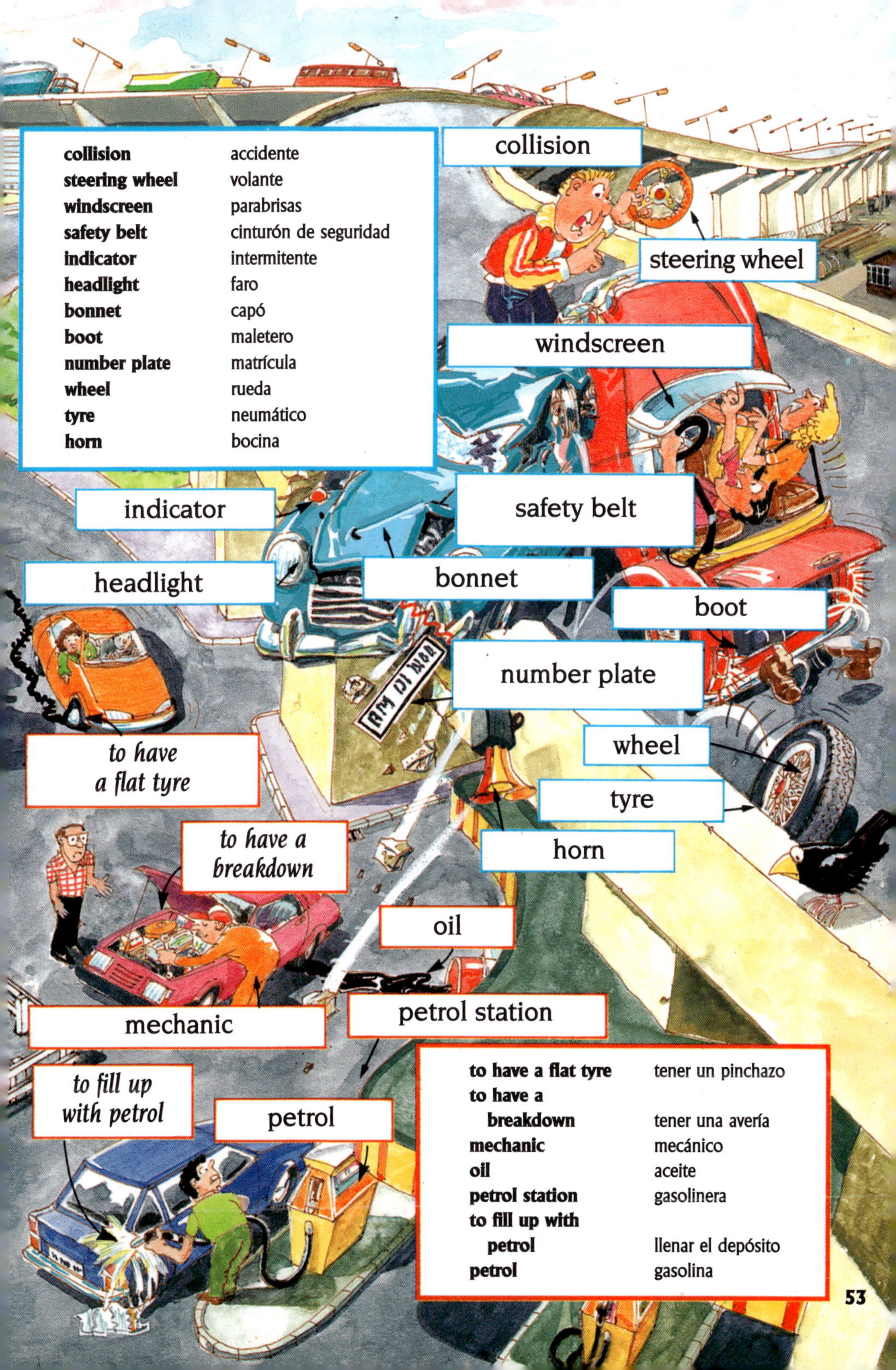

collision	accidente
steering wheel	volante
windscreen	parabrisas
safety belt	cinturón de seguridad
indicator	intermitente
headlight	faro
bonnet	capó
boot	maletero
number plate	matrícula
wheel	rueda
tyre	neumático
horn	bocina

to have a flat tyre	tener un pinchazo
to have a breakdown	tener una avería
mechanic	mecánico
oil	aceite
petrol station	gasolinera
to fill up with petrol	llenar el depósito
petrol	gasolina

Coger el tren

station	estación	**The train from...**	El tren procedente de...
porter	mozo	**ticket office**	taquilla
left luggage office	consigna	**ticket**	billete
ticket collector	revisor	**return ticket**	billete de ida y vuelta
waiting-room	sala de espera	**season ticket**	abono
barrier	barrera	**ticket machine**	expendedor automático
traveller	viajero	**platform ticket**	billete de andén
timetable	horario	**to reserve a seat**	reservar un asiento
The train to...	El tren con destino a...		

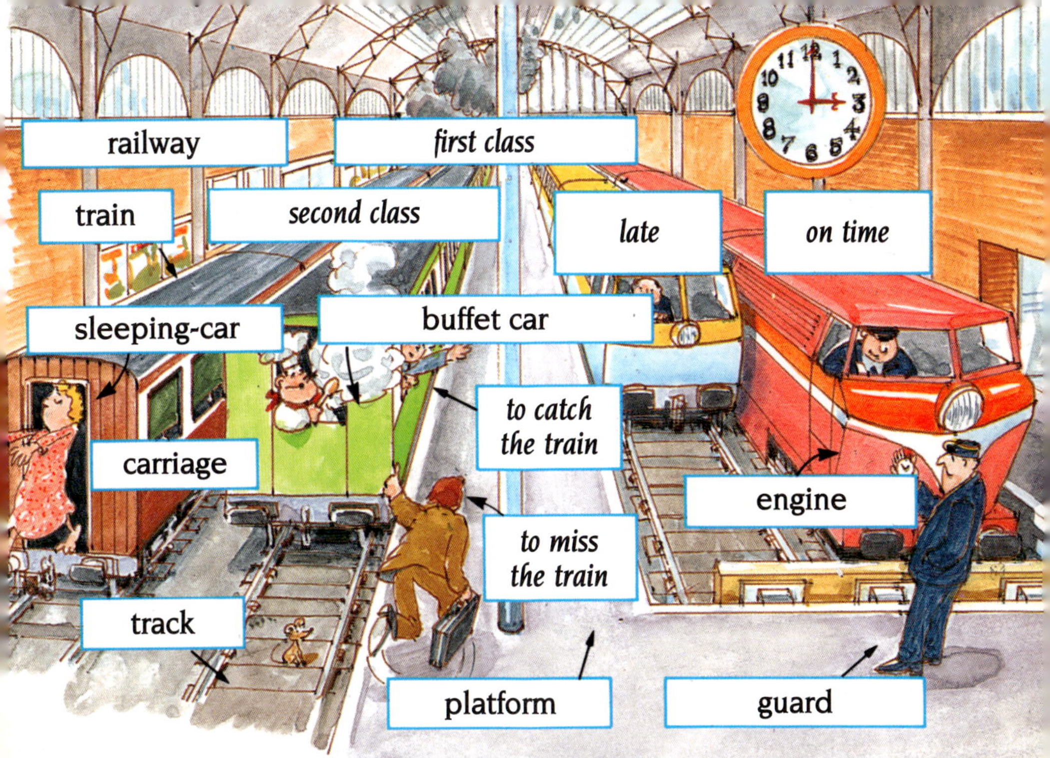

railway	ferrocarril	**carriage**	vagón
train	tren	**to catch the train**	coger el tren
first class	primera clase	**to miss the train**	perder el tren
second class	segunda clase	**engine**	locomotora
late	con retraso	**track**	vía
on time	puntual	**platform**	andén
sleeping-car	coche cama	**guard**	jefe de estación
buffet car	vagón restaurante		

inter-city train	tren intercity
goods train	tren de mercancías
seat	asiento
reserved seat	asiento reservado
luggage-rack	portaequipajes
No smoking	No fumar

Coger el avión y el barco

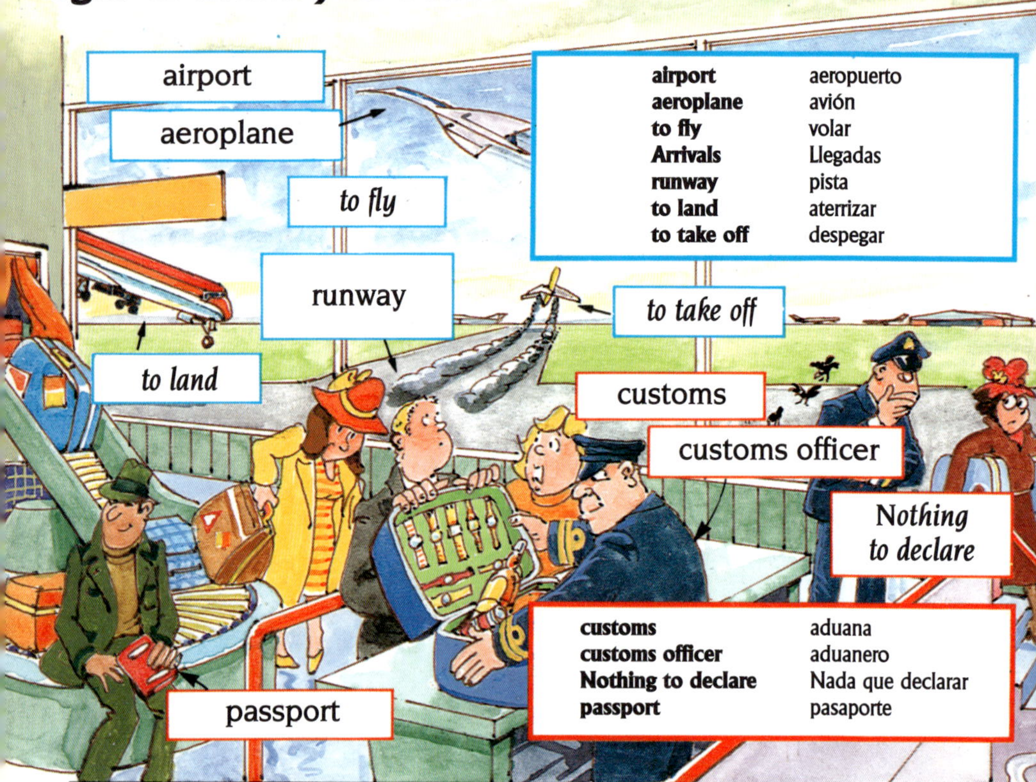

airport	aeropuerto
aeroplane	avión
to fly	volar
Arrivals	Llegadas
runway	pista
to land	aterrizar
to take off	despegar

customs	aduana
customs officer	aduanero
Nothing to declare	Nada que declarar
passport	pasaporte

port	puerto	**anchor**	ancla
to travel by boat	viajar en barco	**cabin**	camarote
ship	barco, buque	**deck**	cubierta
liner	transatlántico	**funnel**	chimenea
flag	bandera	**captain**	capitán
porthole	ojo de buey	**gangway**	pasarela

Departures	Salidas
duty-free shop	tienda libre de impuestos
check-in	facturación
airline ticket	billete de avión
label	etiqueta
trolley	carrito
hand luggage	equipaje de mano
Fasten your seatbelts.	Abróchense los cinturones.
pilot	piloto
crew	tripulación
air hostess	azafata
to board	embarcar
suitcase	maleta

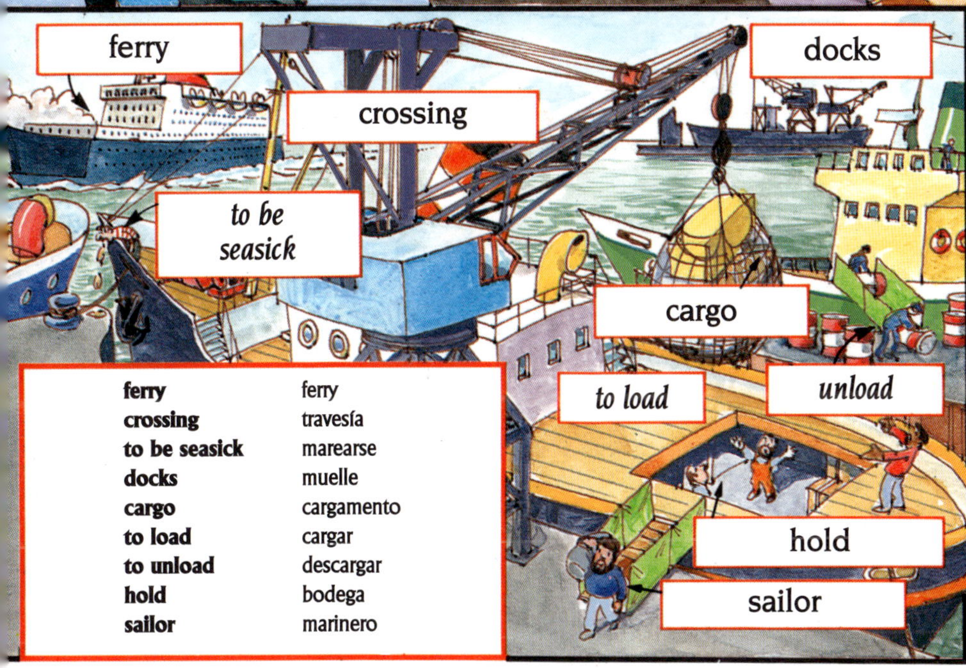

ferry	ferry
crossing	travesía
to be seasick	marearse
docks	muelle
cargo	cargamento
to load	cargar
to unload	descargar
hold	bodega
sailor	marinero

De vacaciones

to go on holiday	ir de vacaciones
to pack	hacer las maletas
suntan lotion	bronceador
sunglasses	gafas de sol
tourist	turista
to visit, to sightsee	visitar

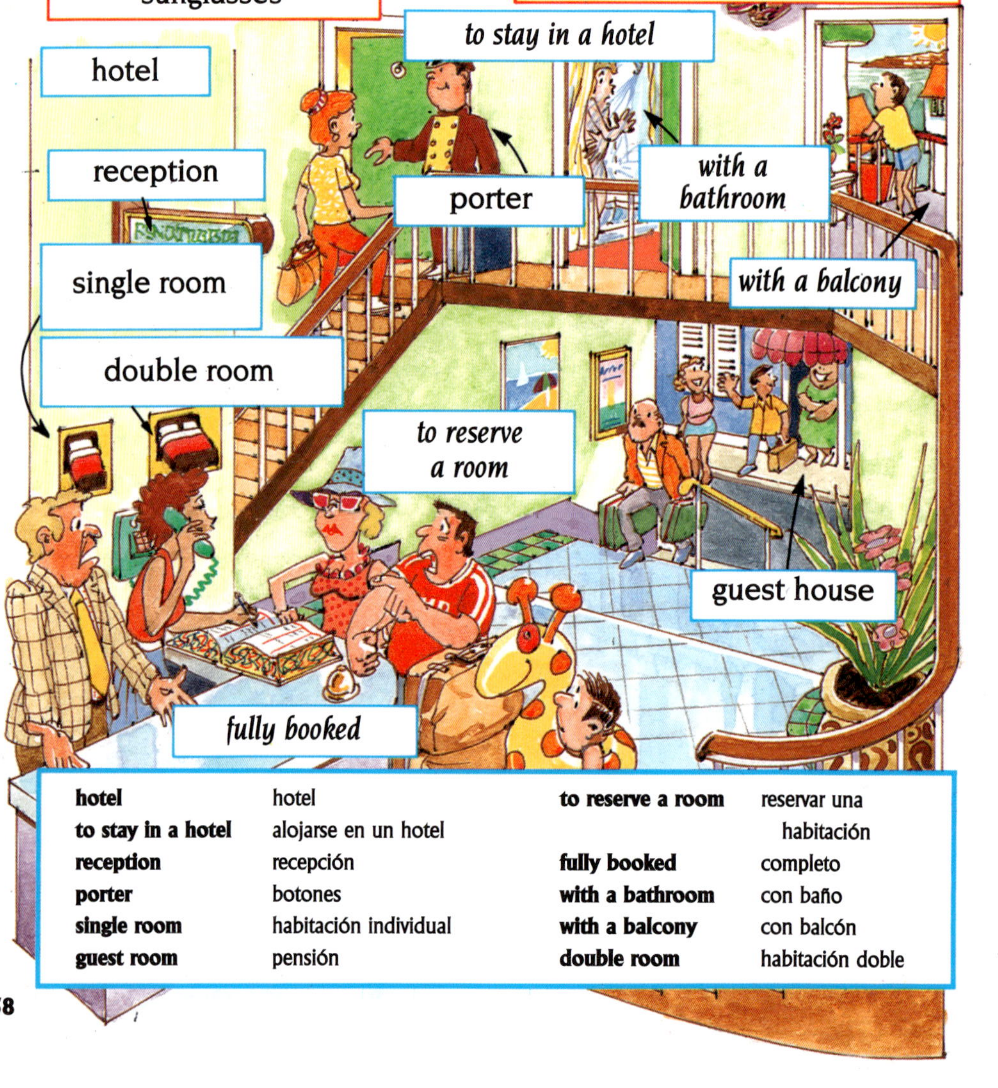

hotel	hotel	**to reserve a room**	reservar una habitación
to stay in a hotel	alojarse en un hotel		
reception	recepción	**fully booked**	completo
porter	botones	**with a bathroom**	con baño
single room	habitación individual	**with a balcony**	con balcón
guest room	pensión	**double room**	habitación doble

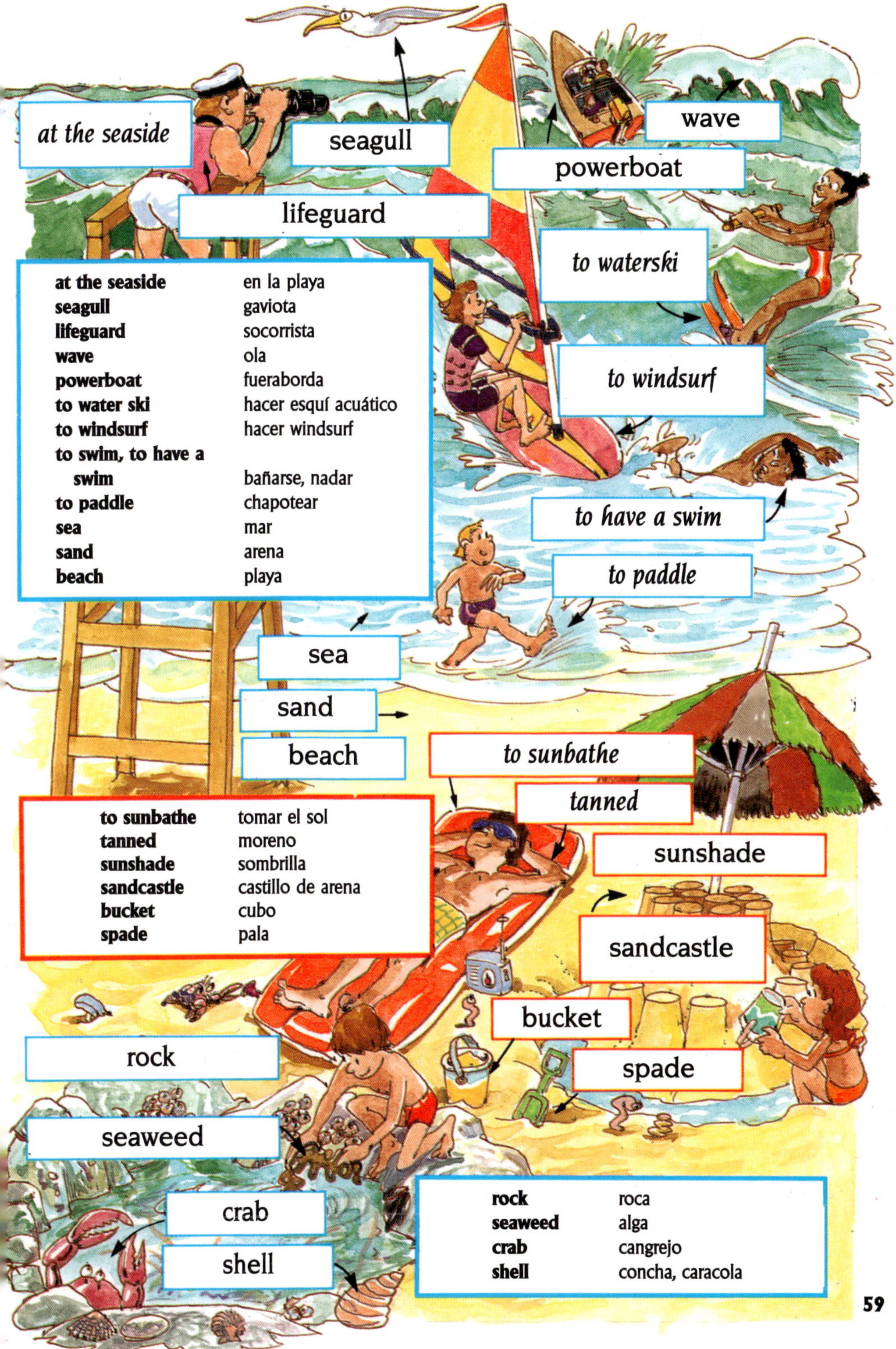

at the seaside	en la playa
seagull	gaviota
lifeguard	socorrista
wave	ola
powerboat	fueraborda
to water ski	hacer esquí acuático
to windsurf	hacer windsurf
to swim, to have a swim	bañarse, nadar
to paddle	chapotear
sea	mar
sand	arena
beach	playa

to sunbathe	tomar el sol
tanned	moreno
sunshade	sombrilla
sandcastle	castillo de arena
bucket	cubo
spade	pala

rock	roca
seaweed	alga
crab	cangrejo
shell	concha, caracola

De vacaciones (cont.)

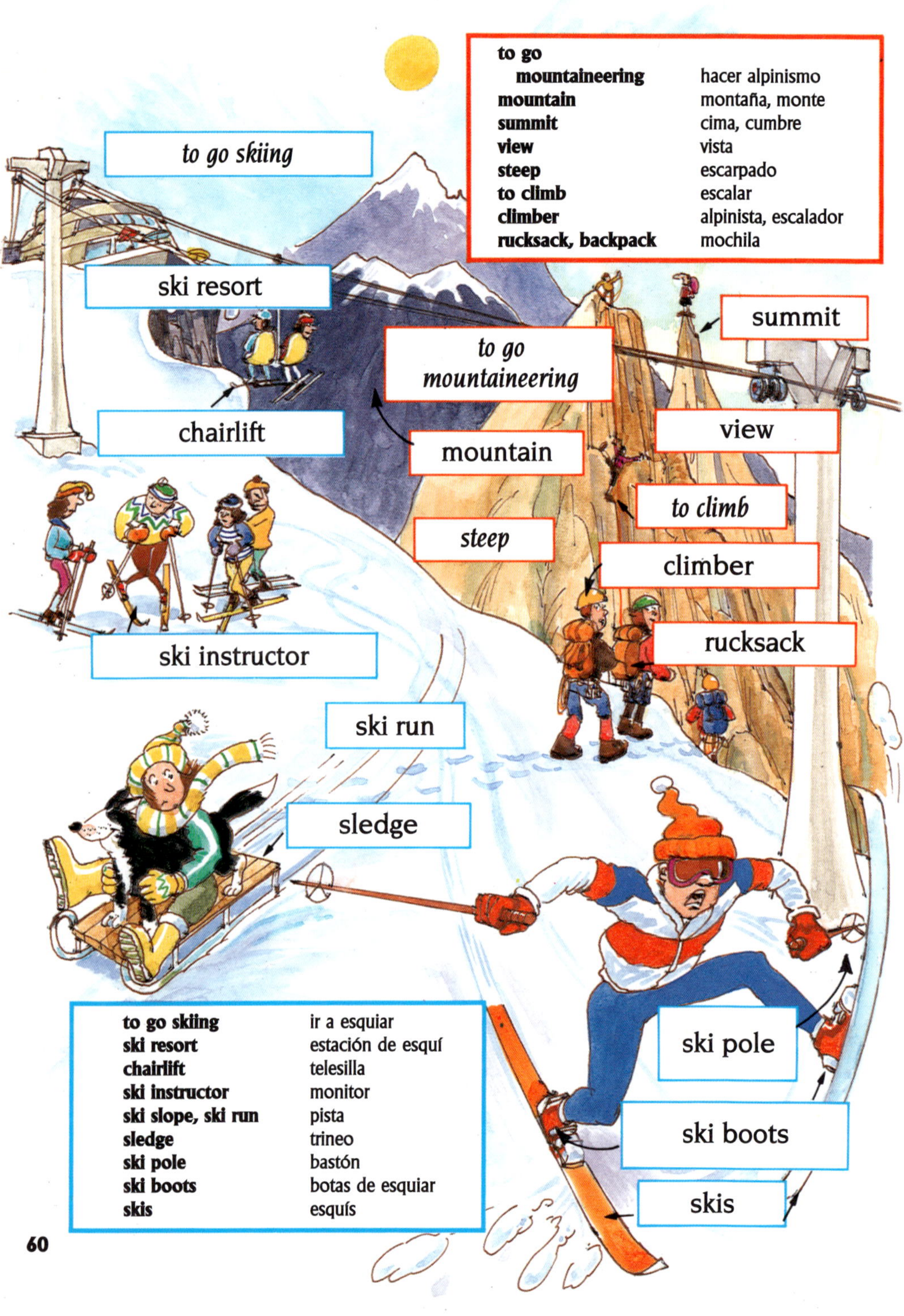

to go mountaineering	hacer alpinismo
mountain	montaña, monte
summit	cima, cumbre
view	vista
steep	escarpado
to climb	escalar
climber	alpinista, escalador
rucksack, backpack	mochila

to go skiing	ir a esquiar
ski resort	estación de esquí
chairlift	telesilla
ski instructor	monitor
ski slope, ski run	pista
sledge	trineo
ski pole	bastón
ski boots	botas de esquiar
skis	esquís

to camp	acampar
campsite	cámping
caravan	caravana
tent	tienda de campaña
to pitch a tent	montar una tienda
stove	hornillo
sleeping bag	saco de dormir

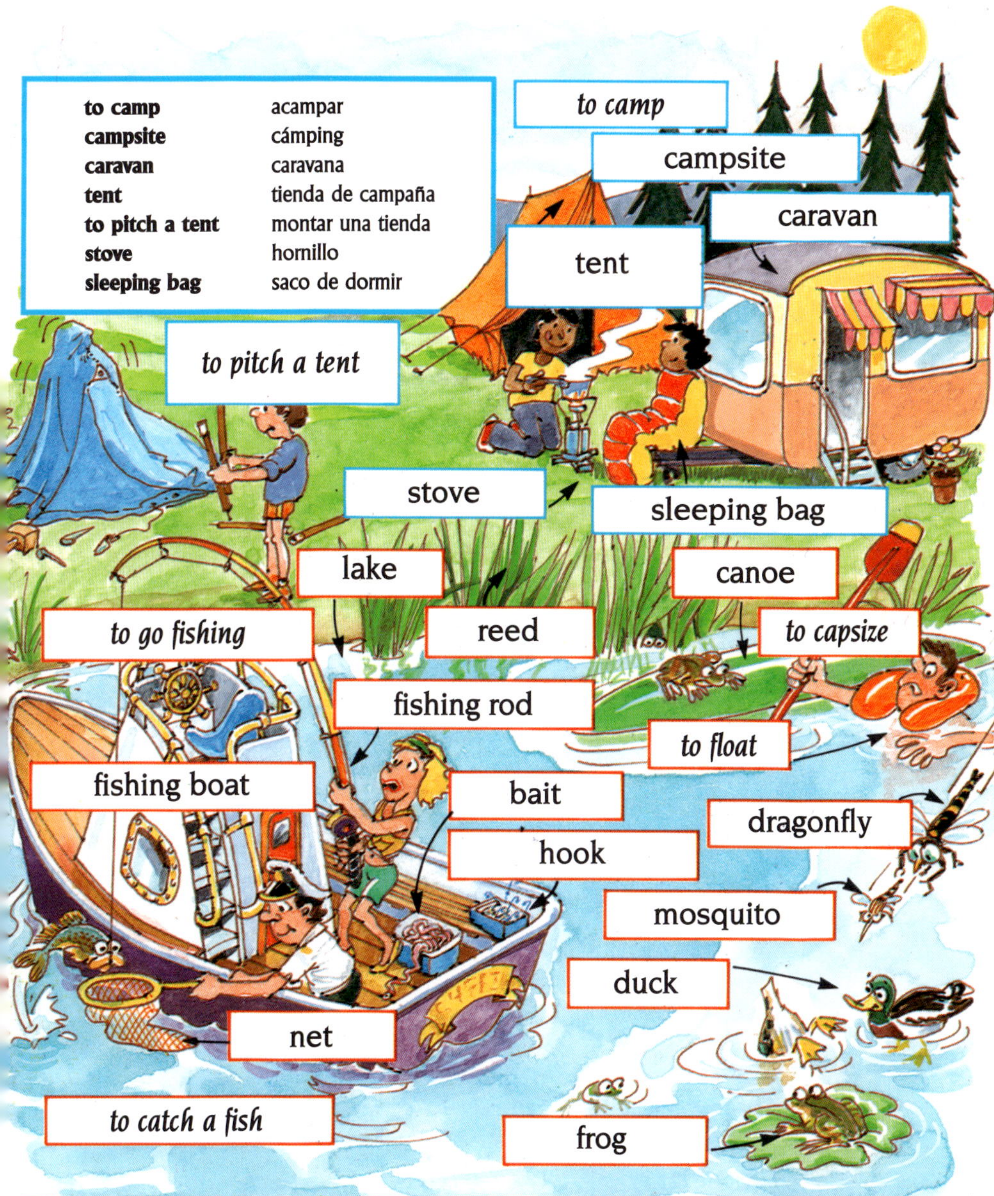

lake	lago	**to catch a fish**	pescar un pez
reed	junco	**canoe**	piragua
to go fishing	ir a pescar	**to capsize**	volcar
fishing rod	caña de pescar	**to float**	flotar
fishing boat	bote	**dragonfly**	libélula
bait	cebo	**mosquito**	mosquito
hook	anzuelo	**duck**	pato
net	red	**frog**	rana

En el campo

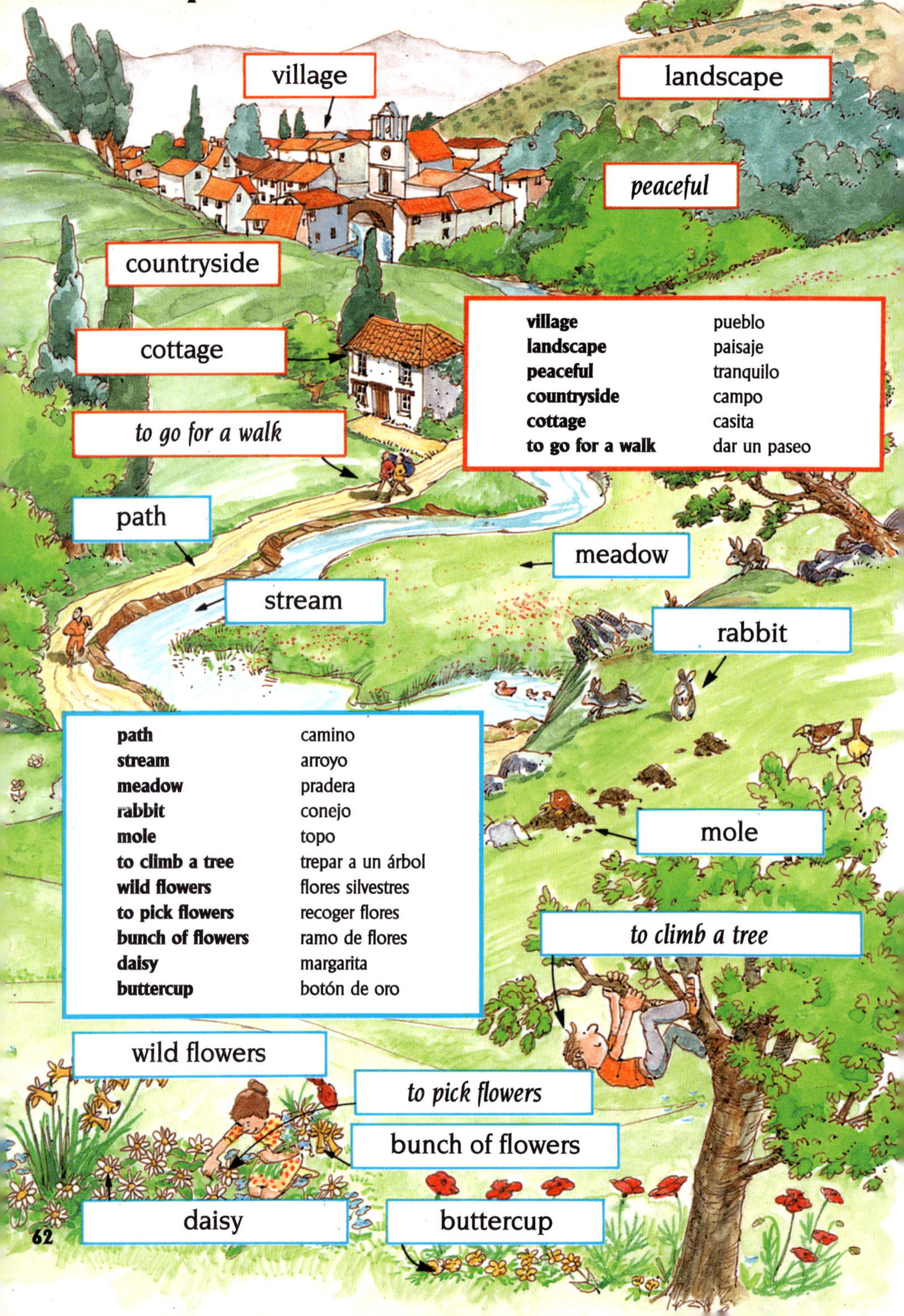

village	pueblo
landscape	paisaje
peaceful	tranquilo
countryside	campo
cottage	casita
to go for a walk	dar un paseo

path	camino
stream	arroyo
meadow	pradera
rabbit	conejo
mole	topo
to climb a tree	trepar a un árbol
wild flowers	flores silvestres
to pick flowers	recoger flores
bunch of flowers	ramo de flores
daisy	margarita
buttercup	botón de oro

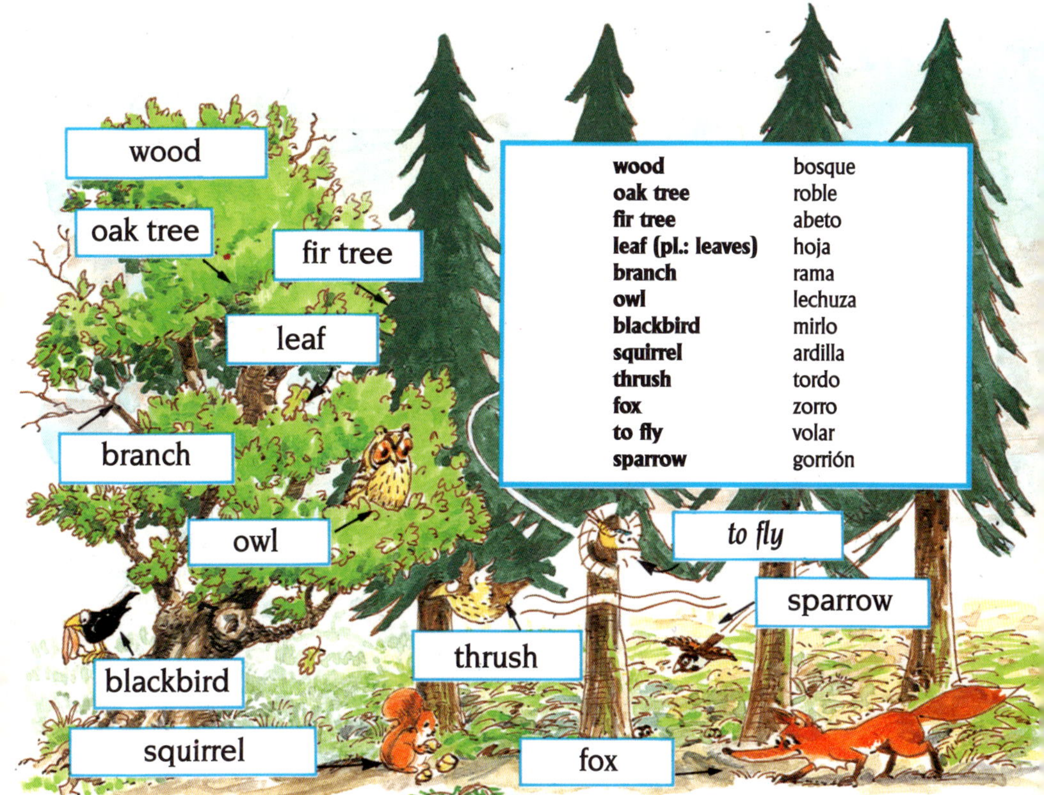

wood	bosque
oak tree	roble
fir tree	abeto
leaf (pl.: leaves)	hoja
branch	rama
owl	lechuza
blackbird	mirlo
squirrel	ardilla
thrush	tordo
fox	zorro
to fly	volar
sparrow	gorrión

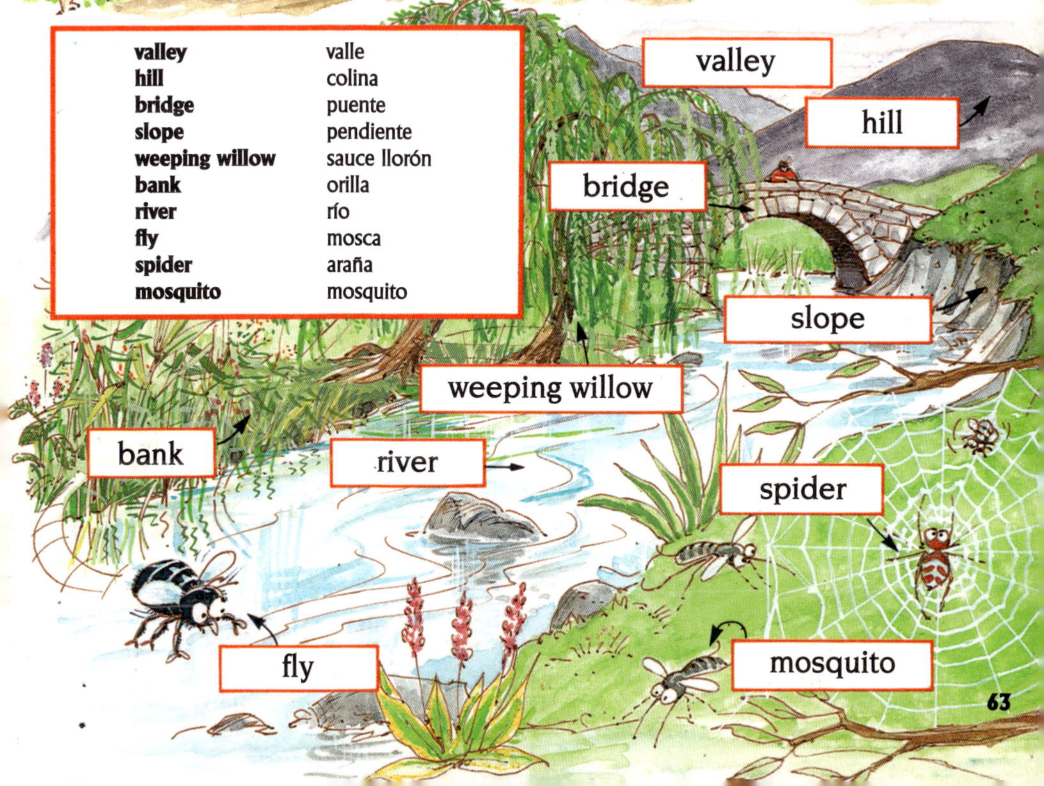

valley	valle
hill	colina
bridge	puente
slope	pendiente
weeping willow	sauce llorón
bank	orilla
river	río
fly	mosca
spider	araña
mosquito	mosquito

En la granja

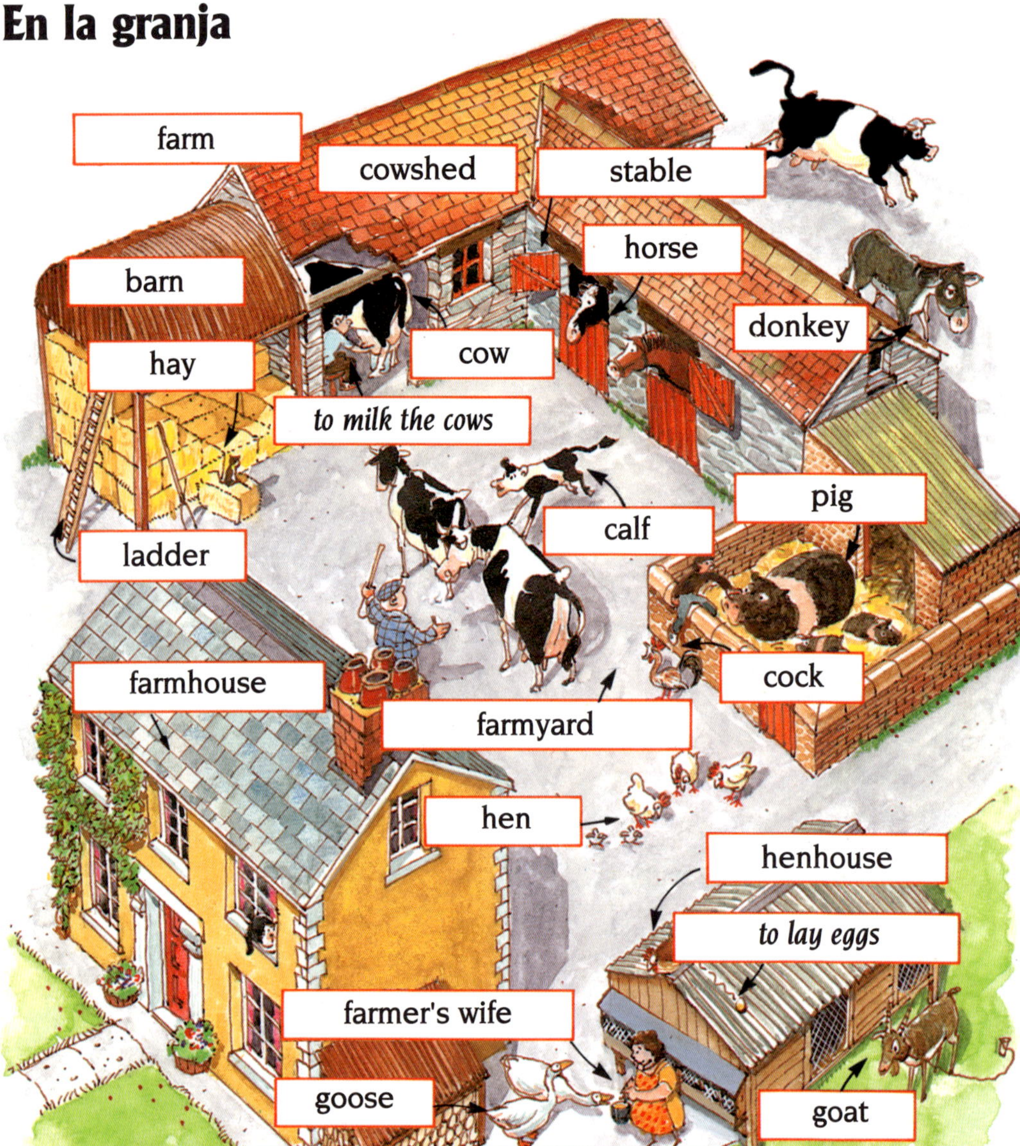

farm	granja	**ladder**	escalera
cowshed	establo	**farmhouse**	casa
stable	cuadra	**farmyard**	corral
horse	caballo	**hen**	gallina
barn	granero	**cock**	gallo
hay	heno	**henhouse**	gallinero
cow	vaca	**to lay eggs**	poner huevos
to milk the cows	ordeñar	**farmer,**	
calf (pl.: calves)	ternero	**farmer's wife**	granjera
donkey	burro	**goose (pl.: geese)**	ganso
pig	cerdo	**goat**	cabra

field	campo
flock	rebaño
sheep	oveja
lamb	cordero
farmer	granjero
gate	portillo
sheepdog	perro pastor

vineyard	viñedo
vine	vid
to harvest	cosechar
haystack	paca de heno
wheat	trigo
to sow	sembrar

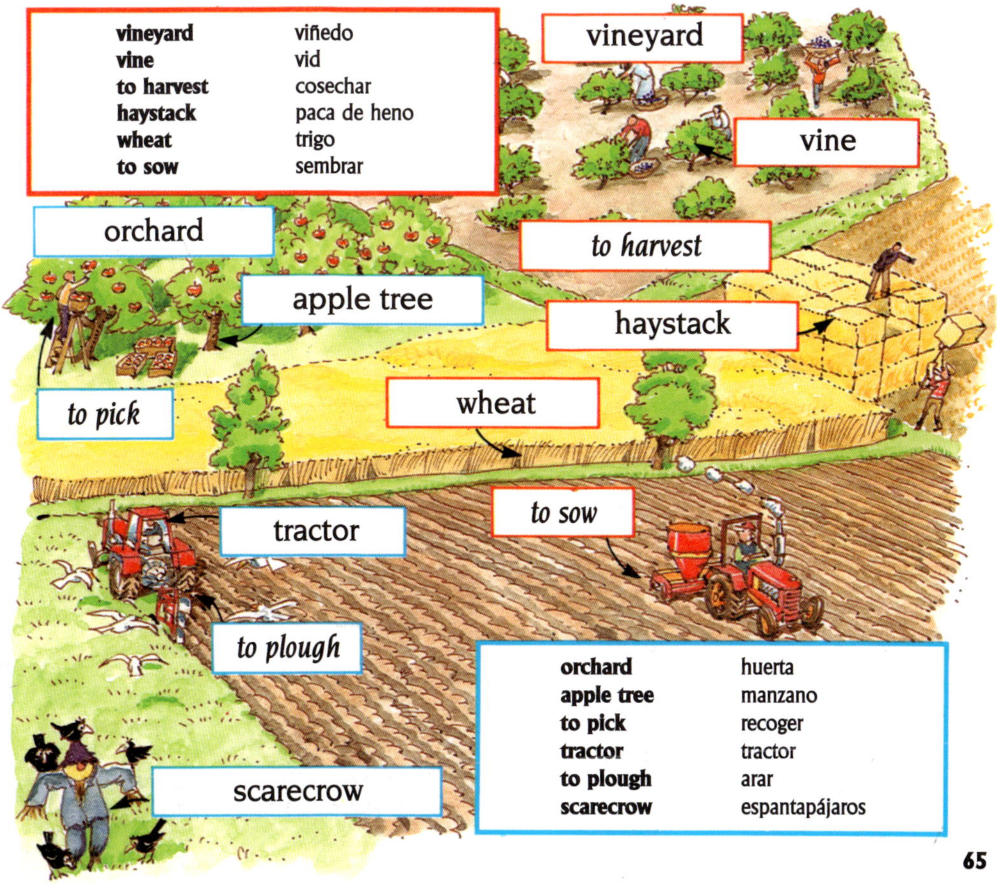

orchard	huerta
apple tree	manzano
to pick	recoger
tractor	tractor
to plough	arar
scarecrow	espantapájaros

En el trabajo

to go to work	ir a trabajar	**lunch hour**	la hora de comer
to go late	llegar tarde	**overtime**	horas extras
to be on time	llegar puntual		

office	oficina	**employee**	empleado
boss	jefe	**hard-working**	trabajador
secretary	secretaria	**lazy**	vago
to employ someone	contratar a alguien	**to retire**	jubilarse
to fire someone	despedir a alguien		

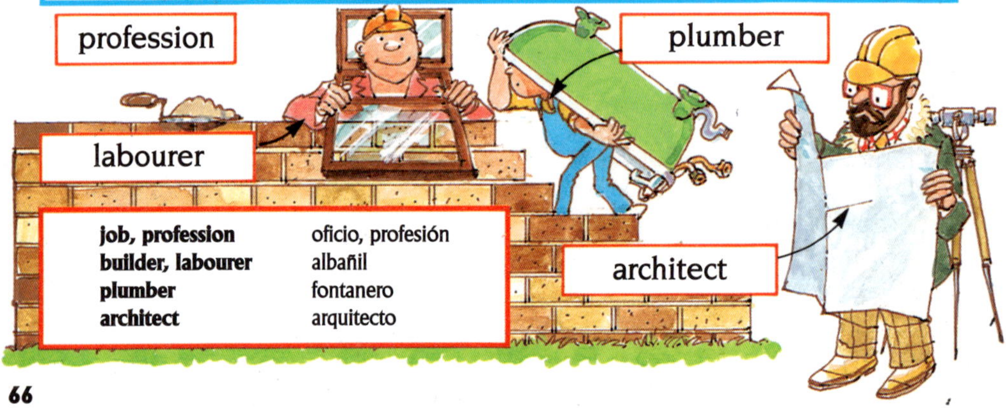

job, profession	oficio, profesión
builder, labourer	albañil
plumber	fontanero
architect	arquitecto

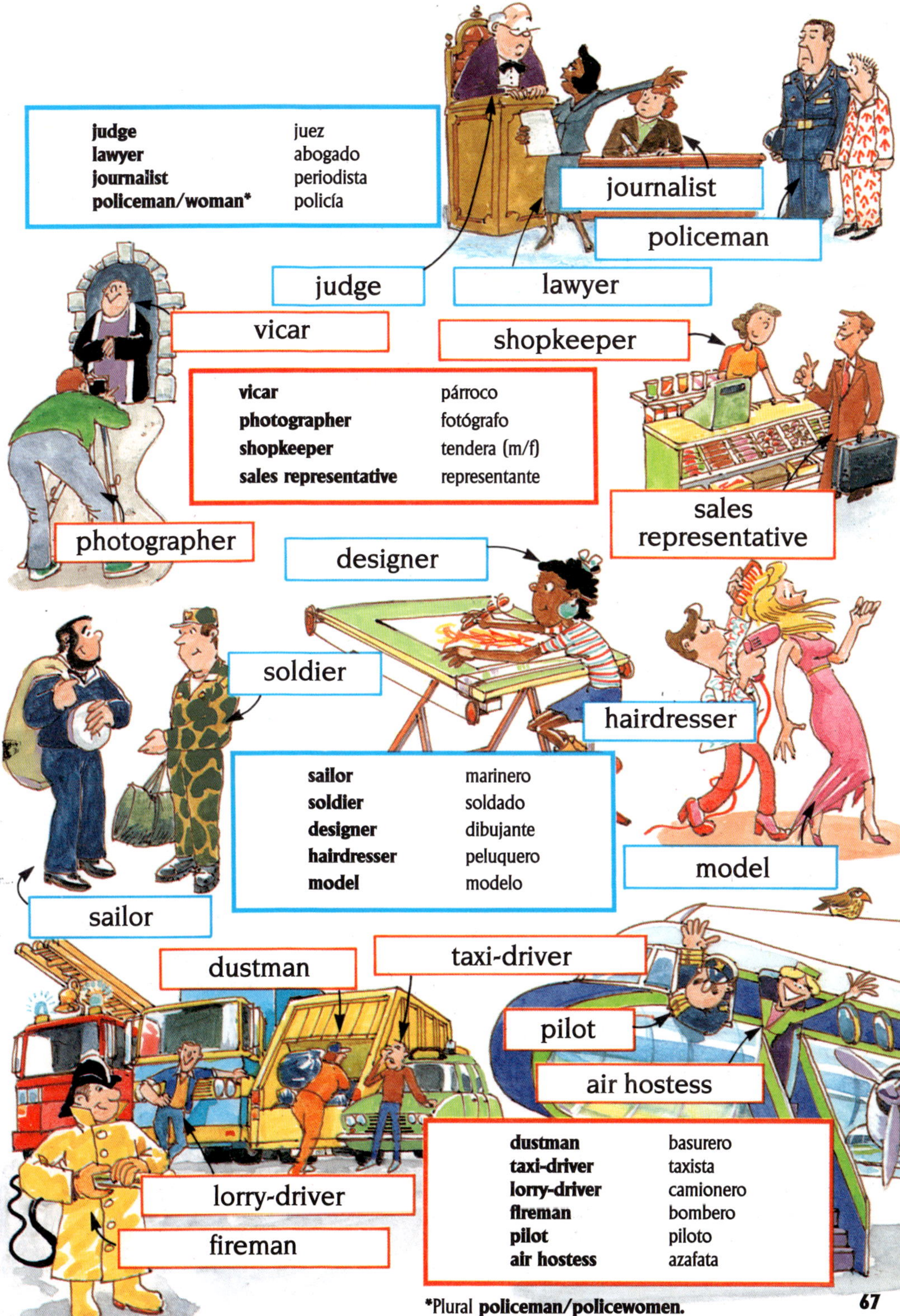

judge	juez
lawyer	abogado
journalist	periodista
policeman/woman*	policía

vicar	párroco
photographer	fotógrafo
shopkeeper	tendera (m/f)
sales representative	representante

sailor	marinero
soldier	soldado
designer	dibujante
hairdresser	peluquero
model	modelo

dustman	basurero
taxi-driver	taxista
lorry-driver	camionero
fireman	bombero
pilot	piloto
air hostess	azafata

*Plural **policeman/policewomen.**

Problemas de salud

to feel ill	sentirse mal	**doctor**	médico
to take someone's temperature	tomar la temperatura	**prescription**	receta
thermometer	termómetro	**to cure**	curar
to have a temperature	tener fiebre	**pill**	pastilla
		to feel better	sentirse mejor
		healthy	sano

to have a cold	estar acatarrado
to sneeze	estornudar
to faint	desmayarse
to have stomach ache	tener dolor de tripa
to be sick	estar enfermo
to have a headache	tener dolor de cabeza

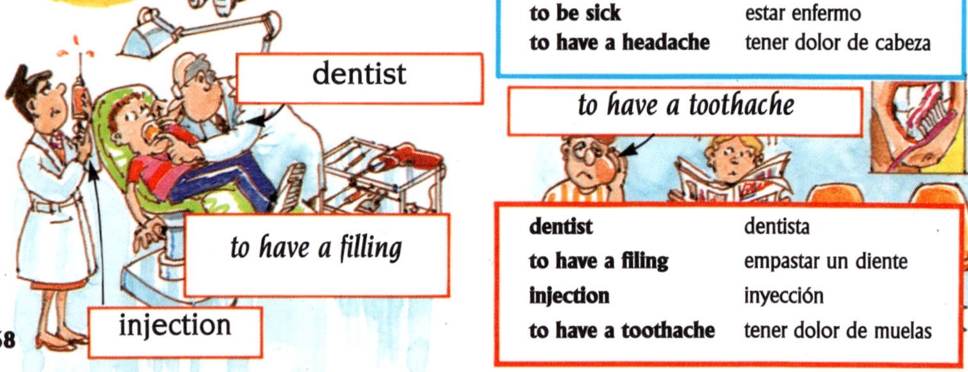

dentist	dentista
to have a filing	empastar un diente
injection	inyección
to have a toothache	tener dolor de muelas

hospital	hospital	**cut, wound**	corte, herida
casualty department	urgencias	**burn**	quemadura
to break your leg	romperse una pierna	**to sprain your wrist**	torcerse la muñeca
bruise	moratón	**sticking plaster**	esparadrapo
		bandage	vendaje

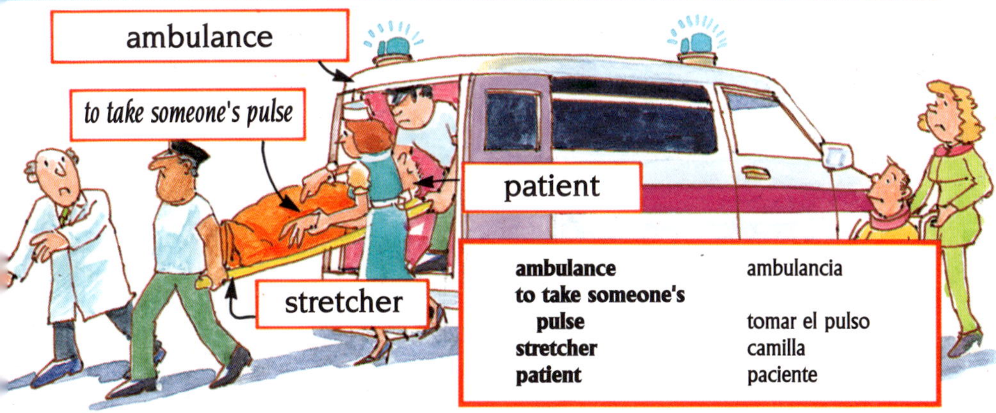

ambulance	ambulancia
to take someone's pulse	tomar el pulso
stretcher	camilla
patient	paciente

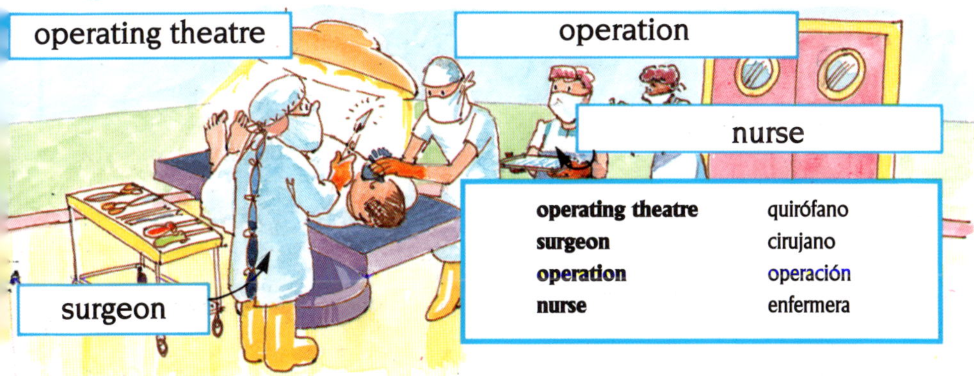

operating theatre	quirófano
surgeon	cirujano
operation	operación
nurse	enfermera

El colegio y la educación

nursery school	preescolar, guardería	**secondary school**	instituto (enseñanza secundaria)
primary school	colegio (enseñanza primaria)	**headmistress**	directora
headmaster	director	**university**	universidad

at school	en el colegio	**easy**	fácil
classroom	clase, aula	**difficult**	difícil
map	mapa	**blackboard**	pizarra
lesson	lección	**chalk**	tiza
teacher	profesor	**to read**	leer
to teach	enseñar	**to write**	escribir
pupil	alumno	**to ask a question**	hacer una pregunta
to learn	aprender		

satchel	cartera
exercise book	cuaderno
pencil case	estuche
pen	pluma
ball-point pen	bolígrafo
pencil	lápiz
rubber	goma
ruler	regla

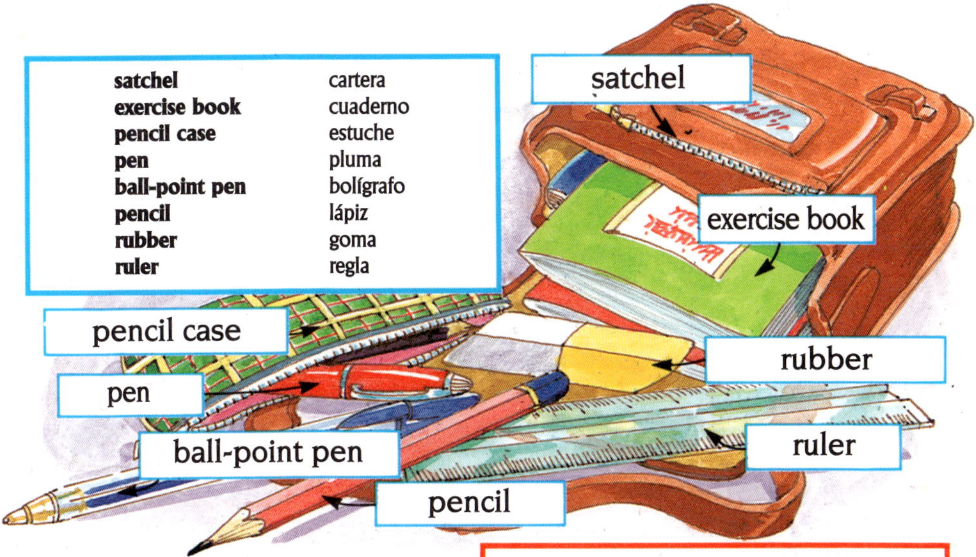

at nursery school

at nursery school	en la guardería
toy	juguete
crayons	lápices de colores
picture book	libro ilustrado
to play	jugar

playground	patio
break	recreo
bell	timbre
cloakroom	vestuarios

El colegio y la educación (cont.)

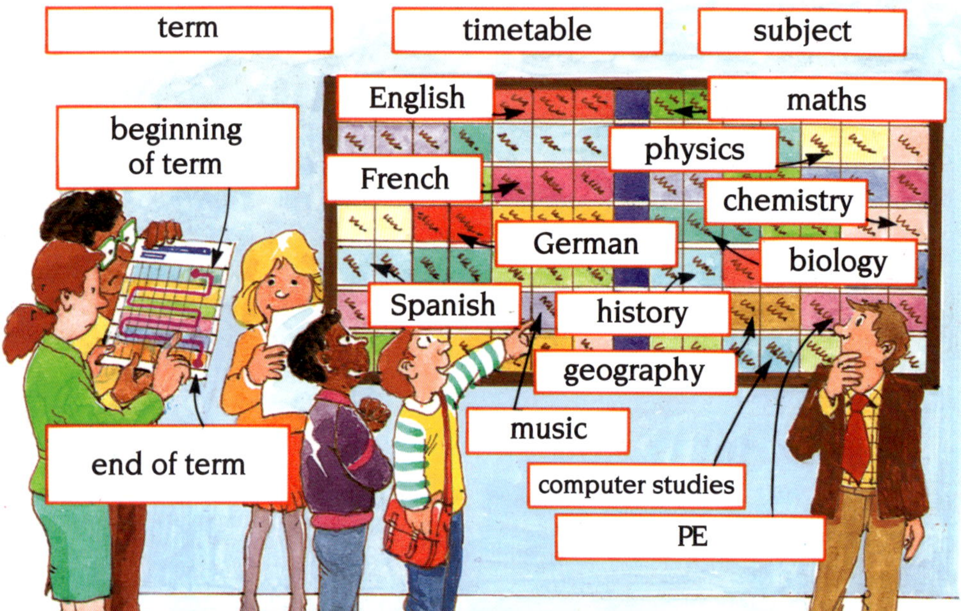

term	trimestre	**maths**	matemáticas
beginning of term	comienzo de curso	**physics**	física
end of term	fin de curso	**chemistry**	quimica
timetable	horario	**history**	historia
subject	asignatura	**geography**	geografía
French	francés	**music**	música
English	inglés	**computer studies**	informática
German	alemán	**PE**	gimnasia
Spanish	español		

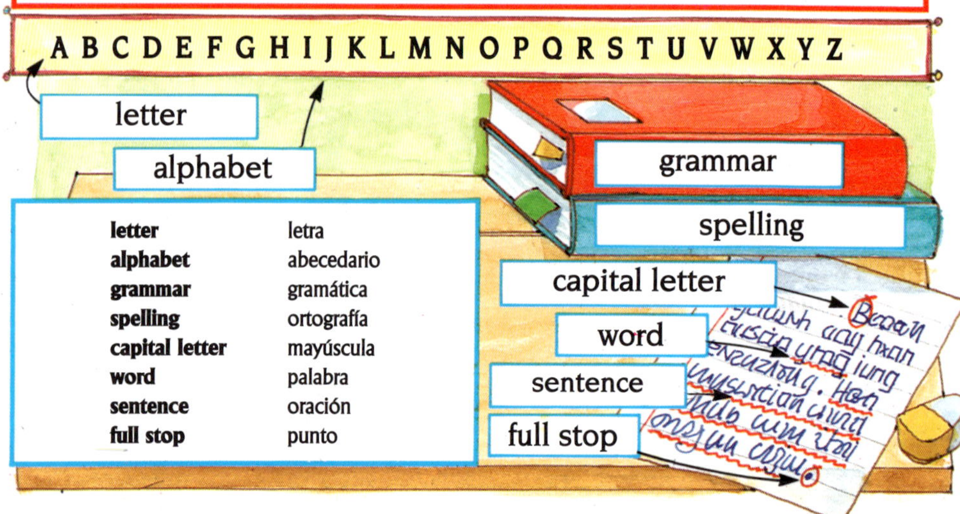

letter	letra
alphabet	abecedario
grammar	gramática
spelling	ortografía
capital letter	mayúscula
word	palabra
sentence	oración
full stop	punto

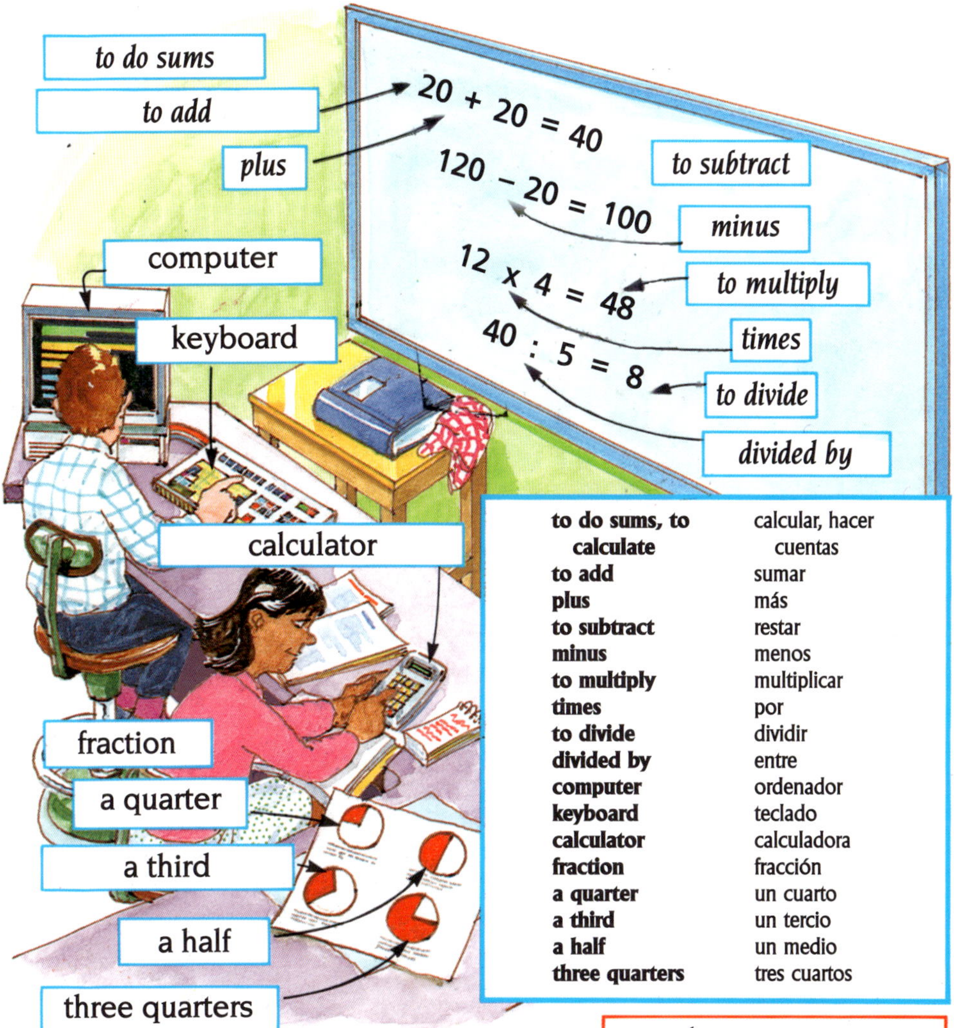

to do sums, to calculate	calcular, hacer cuentas
to add	sumar
plus	más
to subtract	restar
minus	menos
to multiply	multiplicar
times	por
to divide	dividir
divided by	entre
computer	ordenador
keyboard	teclado
calculator	calculadora
fraction	fracción
a quarter	un cuarto
a third	un tercio
a half	un medio
three quarters	tres cuartos

student	estudiante	**Good luck.**	Suerte.
to study	estudiar	**to pass an exam**	aprobar un examen
exam	examen	**to fail an exam**	suspender un examen
to sit an exam	hacer un examen		

Formas y tamaños

shape	forma
circle	círculo
square	cuadrado
triangle	triángulo
cone	cono
rectangle	rectángulo

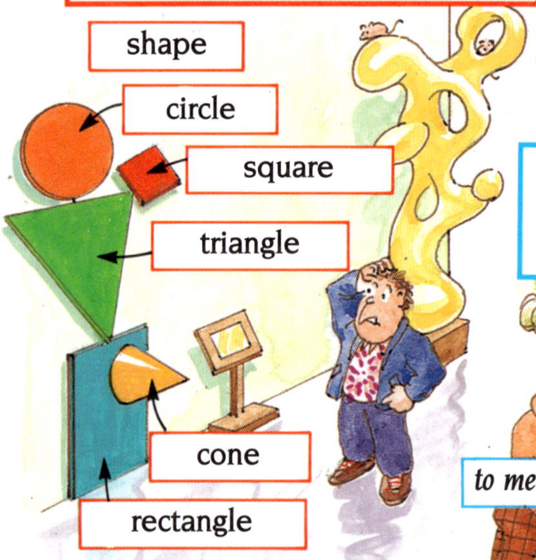

enormous	enorme
big	grande
small	pequeño
tiny	pequeñísimo

height	altura
to measure	medir
metre	metro
centimetre	centímetro
length	longitud
width	anchura

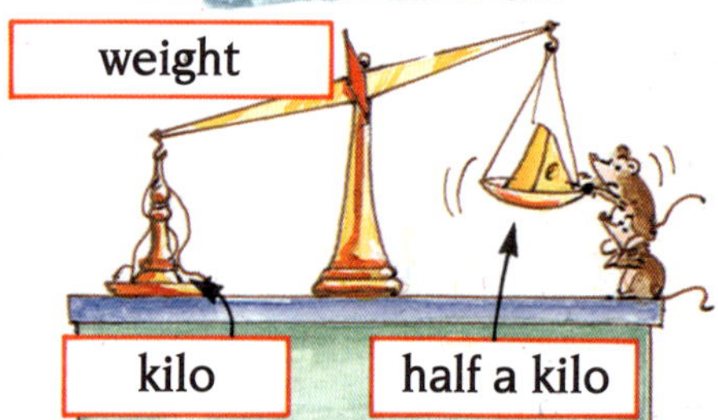

volume	volumen	**weight**	peso
litre	litro	**kilo**	kilo
half a litre	medio litro	**half a kilo**	medio kilo

Los números

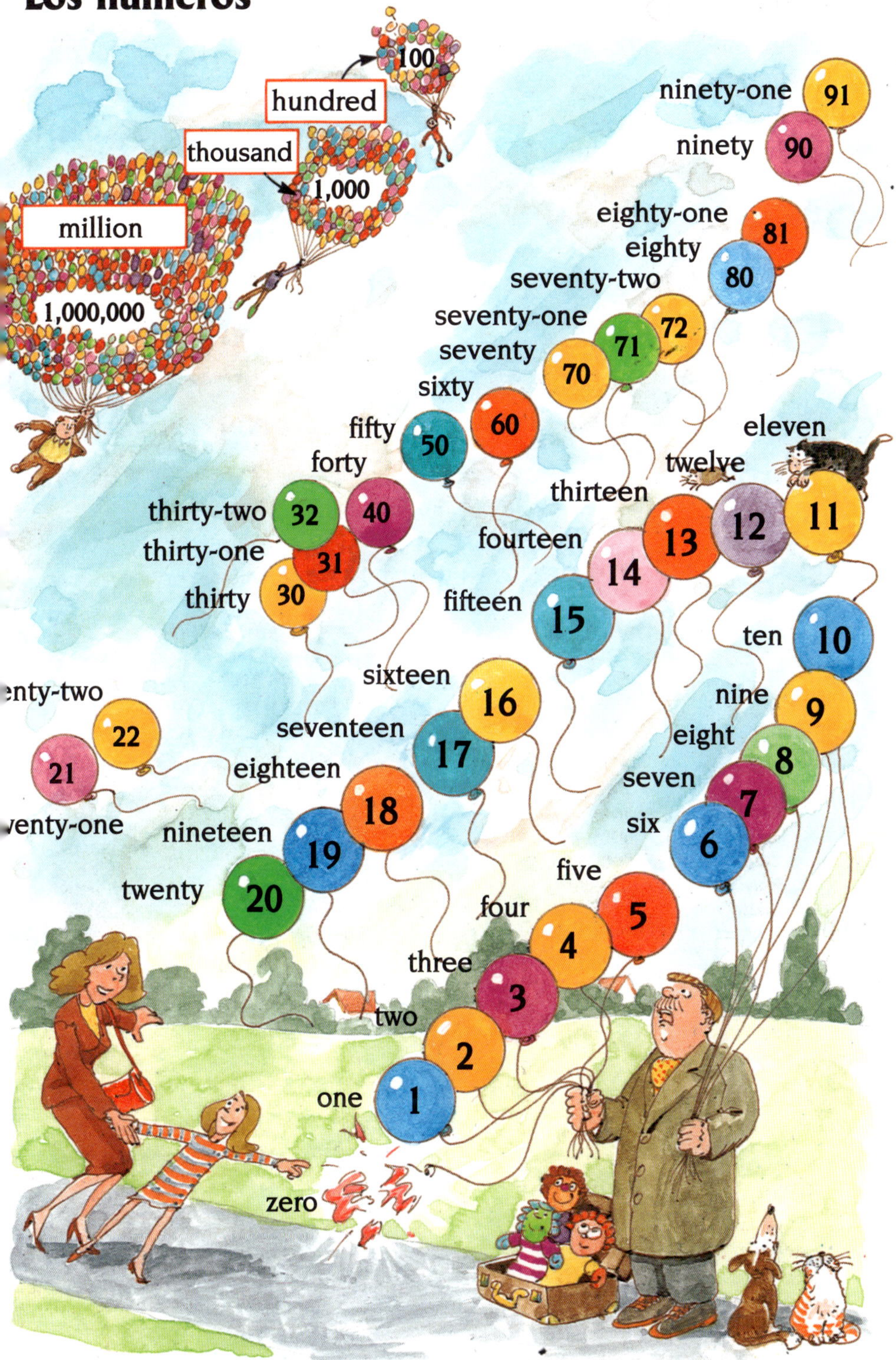

100
hundred
thousand
1,000
million
1,000,000
ninety-one
91
ninety
90
eighty-one
81
eighty
80
seventy-two
72
seventy-one
71
seventy
70
sixty
60
fifty
50
forty
40
thirty-two
32
thirty-one
31
thirty
30
eleven
11
twelve
12
thirteen
13
fourteen
14
fifteen
15
ten
10
sixteen
16
nine
9
enty-two
22
21
venty-one
seventeen
17
eighteen
18
eight
8
seven
7
six
6
nineteen
19
twenty
20
five
5
four
4
three
3
two
2
one
1
zero

Deportes

to be fit	estar en forma	**headband**	cinta
to exercise	hacer ejercicio	**tennis shoes**	zapatillas de deporte
to jog	hacer footing	**tracksuit**	chándal

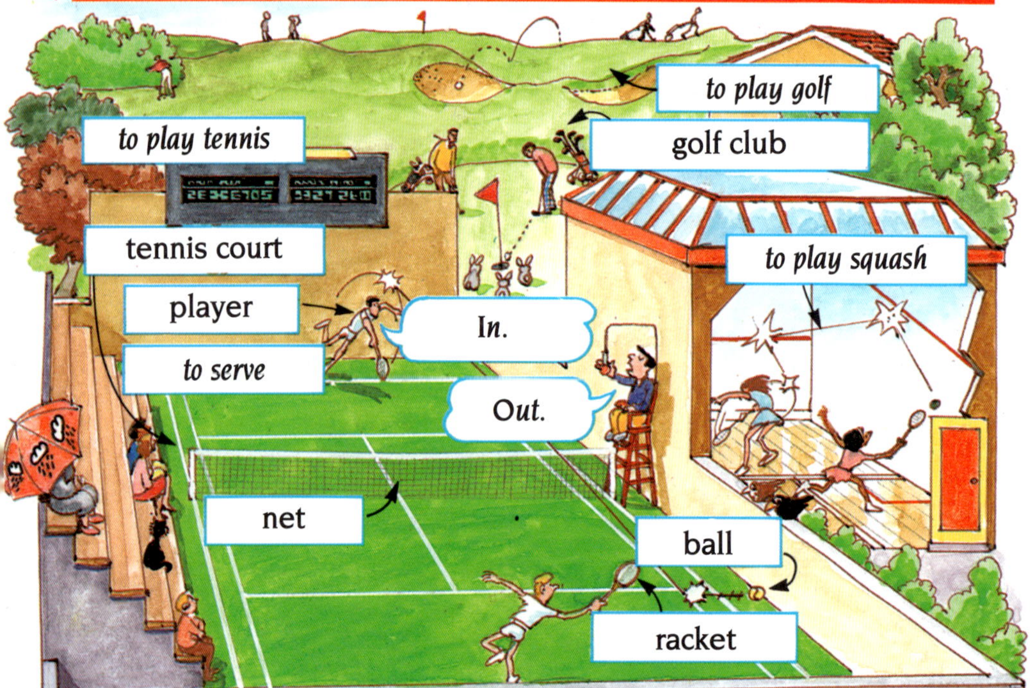

to play tennis	jugar al tenis	**net**	red
tennis court	pista de tenis	**ball**	pelota, bola
player	jugador	**racket**	raqueta
to serve	sacar	**to play golf**	jugar al golf
In	Dentro	**golf club**	palo de golf
Out	Fuera	**to play squash**	jugar al squash

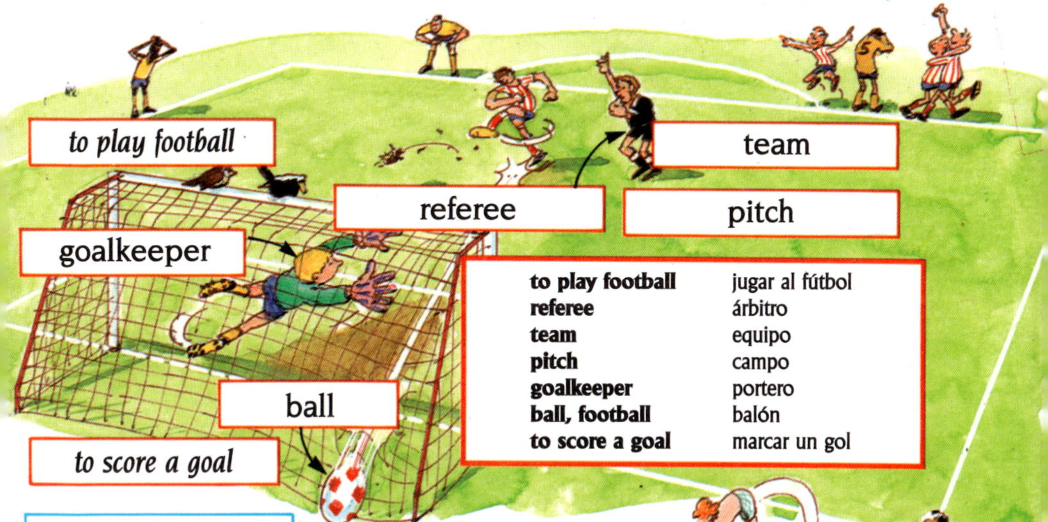

to play football	jugar al fútbol
referee	árbitro
team	equipo
pitch	campo
goalkeeper	portero
ball, football	balón
to score a goal	marcar un gol

swimming pool	piscina	**to crawl**	nadar a crawl
to swim	nadar	**to dive**	saltar, tirarse
to do back-stroke	nadar a espalda	**diving board**	trampolín
to do breast-stroke	nadar a braza		

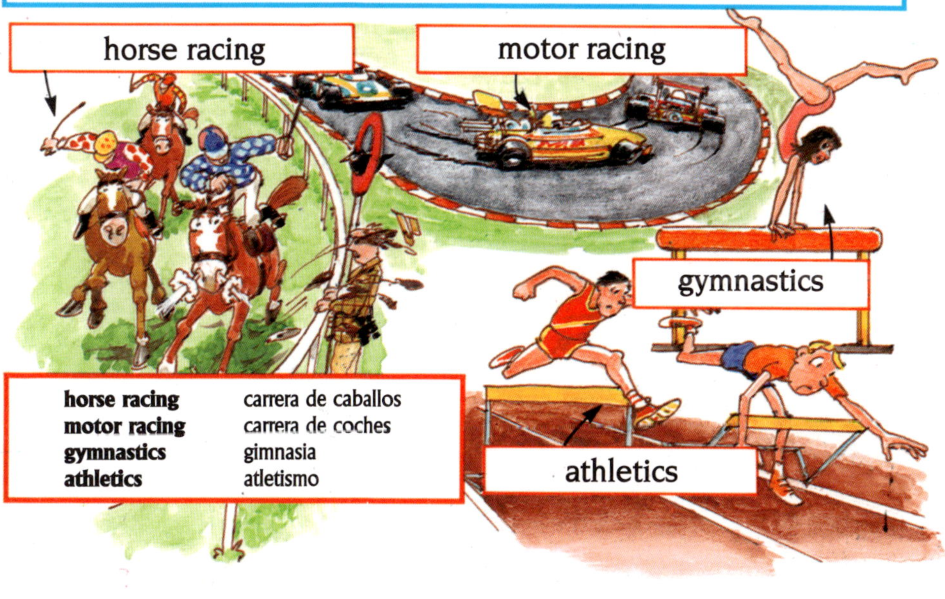

horse racing	carrera de caballos
motor racing	carrera de coches
gymnastics	gimnasia
athletics	atletismo

Fiestas

birthday	cumpleaños
party	fiesta
balloon	globo
Happy birthday.	Felicidades.
to invite	invitar
to have fun, to enjoy yourself	divertirse, pasarlo bien
cake	tarta
candle	vela
birthday card	tarjeta
present	regalo
wrapping	papel de regalo

Easter	Semana Santa
Christmas	Navidades
Christmas Eve	Nochebuena
Christmas Day	el día de Navidad
Christmas tree	árbol de Navidad

to get engaged	prometerse
wedding	boda
to get married	casarse
bridegroom	novio
bride	novia
guest	invitado (m/f)
to congratulate	felicitar
bouquet	ramo
to be happy	ser feliz
honeymoon	luna de miel

Happy Christmas.	Feliz Navidad.
Christmas carol	villancico
to give (a present)	hacer un regalo
Thank you very much.	Muchas gracias.
to thank	dar las gracias

New Year's Eve	Nochevieja
New Year's Day	Año Nuevo
to celebrate	celebrar
Happy New Year.	Feliz año nuevo.

Días y fechas

calendar	calendario
month	mes
January	enero
February	febrero
March	marzo
April	abril
May	mayo
June	junio
July	julio
August	agosto
September	septiembre
October	octubre
November	noviembre
December	diciembre
year	año
day	día
week	semana
week-end	fin de semana
Monday	lunes
Tuesday	martes
Wednesday	miércoles
Thursday	jueves
Friday	viernes
Saturday	sábado
Sunday	domingo

diary	agenda
date	fecha
(on) Tuesday, the 2nd of June	martes dos de junio
the first	el día uno
the second	el día dos
the third	el día tres
the fourth	el día cuatro
the fifth	el día cinco

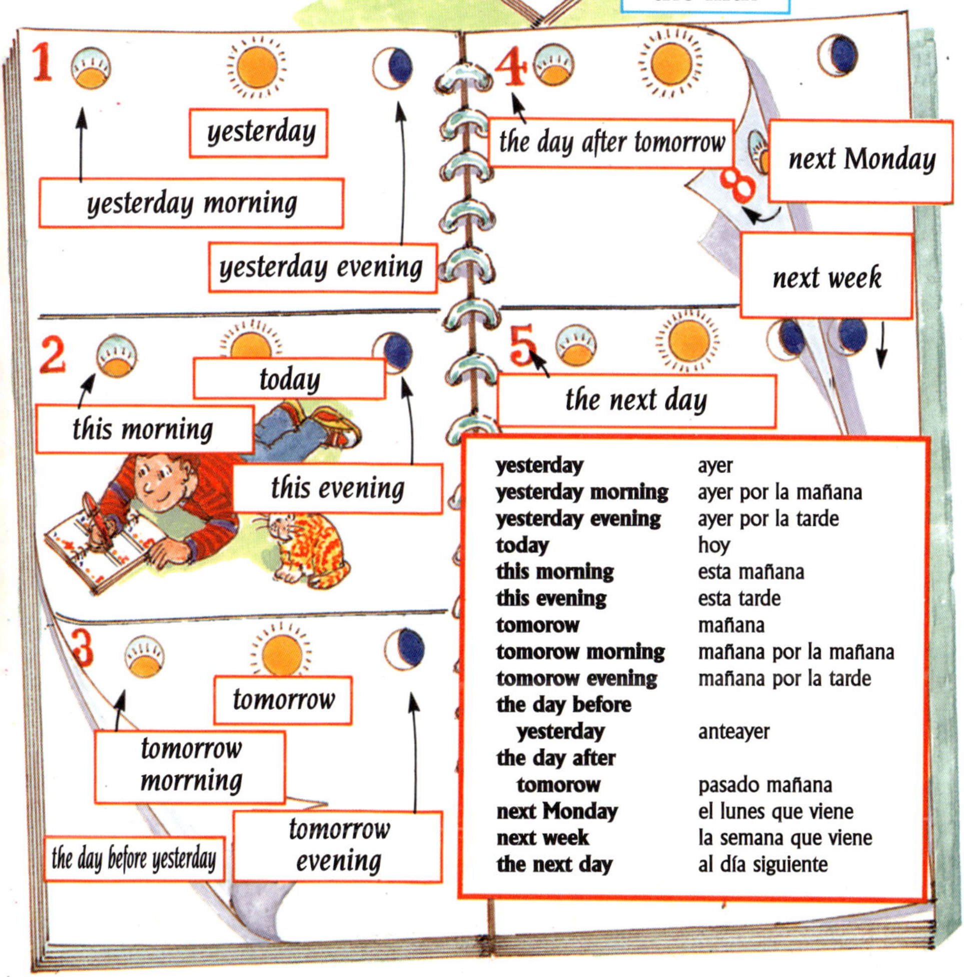

yesterday	ayer
yesterday morning	ayer por la mañana
yesterday evening	ayer por la tarde
today	hoy
this morning	esta mañana
this evening	esta tarde
tomorow	mañana
tomorow morning	mañana por la mañana
tomorow evening	mañana por la tarde
the day before yesterday	anteayer
the day after tomorow	pasado mañana
next Monday	el lunes que viene
next week	la semana que viene
the next day	al día siguiente

La hora

dawn	amanecer	**It is light.**	Es de día.
sunrise	salida del sol	**day, in the day time**	día, durante el día
It is getting light.	Está amaneciendo.	**morning, in the morning**	mañana, durante la mañana
sun	sol		
sky	cielo		

afternoon, in the afternoon	(por la) tarde	**It is getting dark.**	Está anocheciendo.
evening, in the evening	(por la) tarde-noche	**night, at night**	de noche
sunset	puesta de sol	**moon**	luna
		It is dark.	Es de noche.

What time is it?	¿Qué hora es?	**midnight**	medianoche
hour	hora	**a quarter to ten**	diez menos cuarto
minute	minuto	**five past ten**	diez y cinco
second	segundo	**a quarter past ten**	diez y cuarto
It is 1 o'clock.	Es la una.	**half past ten**	diez y media
It is 3 o'clock.	Son las tres.	**8 a.m.**	ocho de la mañana
midday	mediodía	**8 p.m.**	ocho de la tarde

time	tiempo	**in the past**	antes, en el pasado
past	pasado	**in the future**	en el futuro
future	futuro	**now, nowadays**	ahora, hoy en día
present	presente		

El tiempo y las estaciones

season	estación
spring	primavera
summer	verano
autumn	otoño
winter	invierno

weather	tiempo
It's raining.	Está lloviendo.
rain	lluvia
thunderstorm	tormenta
cloud	nube
lightning	relámpago
thunder	trueno
umbrella	paraguas
rainbow	arco iris
wellington boots	botas de agua
soaked to the skin	calado hasta los huesos
puddle	charco
raindrop	gota de lluvia
hail	granizo
flood	inundación

climate	clima
weather forecast	parte meteorológico
What is the weather like?	¿Qué tiempo hace?

It's fine.	Hace bueno.
The sun is shining.	Hace sol.
to sweat	sudar
I'm hot.	Tengo calor.

wind	viento
It's windy.	Hace viento.
fog	niebla
It's foggy.	Hay niebla.

It's cold.	Hace frío.
to be frozen	estar helado
frost	helada
icicle	carámbano
snow	nieve
snowman	muñeco de nieve
It's snowing.	Está nevando.
to thaw	derretirse

La Tierra y el universo

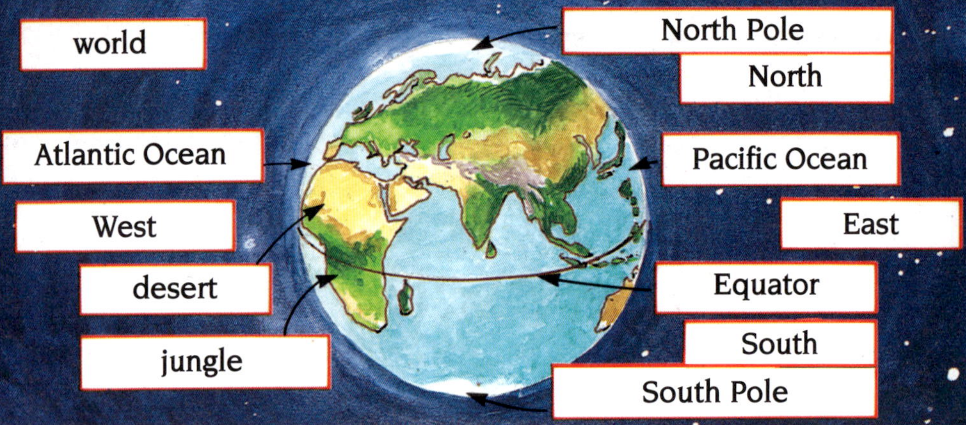

world	mundo	**North**	Norte
Atlantic Ocean	océano Atlántico	**Pacific Ocean**	océano Pacífico
West	Oeste	**East**	Este
desert	desierto	**Equator**	Ecuador
jungle	selva	**South**	Sur
North Pole	Polo Norte	**South Pole**	Polo Sur

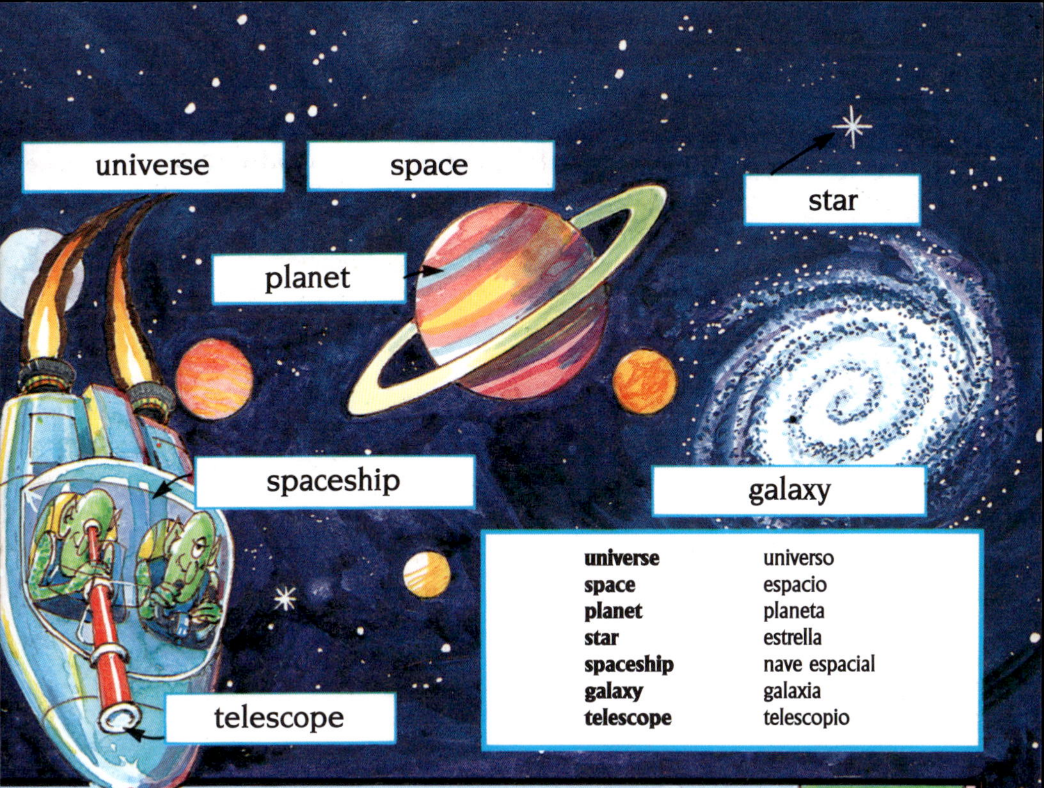

universe	universo
space	espacio
planet	planeta
star	estrella
spaceship	nave espacial
galaxy	galaxia
telescope	telescopio

continent	continente
country	país
Russia	Rusia
Europe	Europa
Africa	África
Japan	Japón
China	China
India	India
Australia	Australia
New Zelaland	Nueva Zelanda
Canada	Canadá
United States	Estados Unidos
South America	Sudamérica

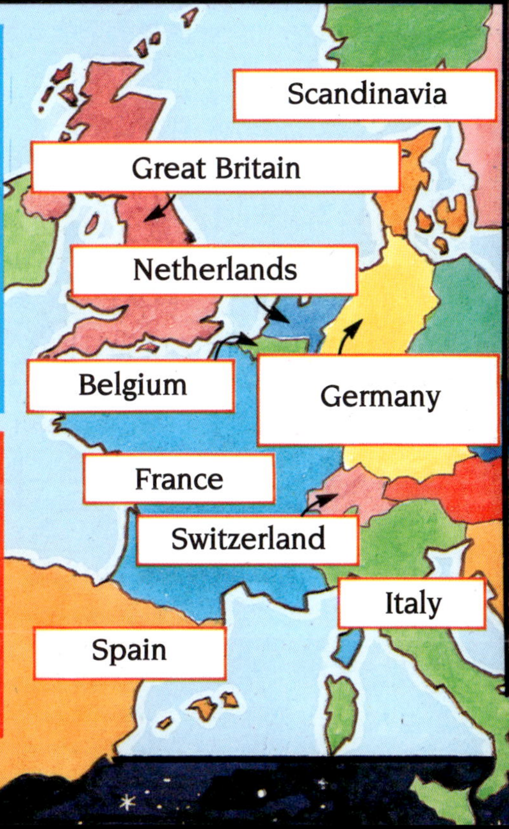

Scandinavia	Escandinavia
Great Britain	Gran Bretaña
Netherlands	Países Bajos
Belgium	Bélgica
Germany	Alemania
France	Francia
Switzerland	Suiza
Italy	Italia
Spain	España

La política

president	presidente
parlament	parlamento
member of parliament	diputada
prime minister	primer ministro
government	gobierno

party	partido
leader	líder
popular	popular
member	miembro

election	elecciones
to vote	votar
to win	ganar
to lose	perder
left, left wing	izquierda
centre	centro
right, right wing	derecha
to join	afiliarse
to belong to	ser miembro de

the media	los medios de comunicación
to interview	entrevistar
important	importante
interesting	interesante
newspaper	periódico
news	noticias
headline	titular
article	artículo
true	cierto
false	falso

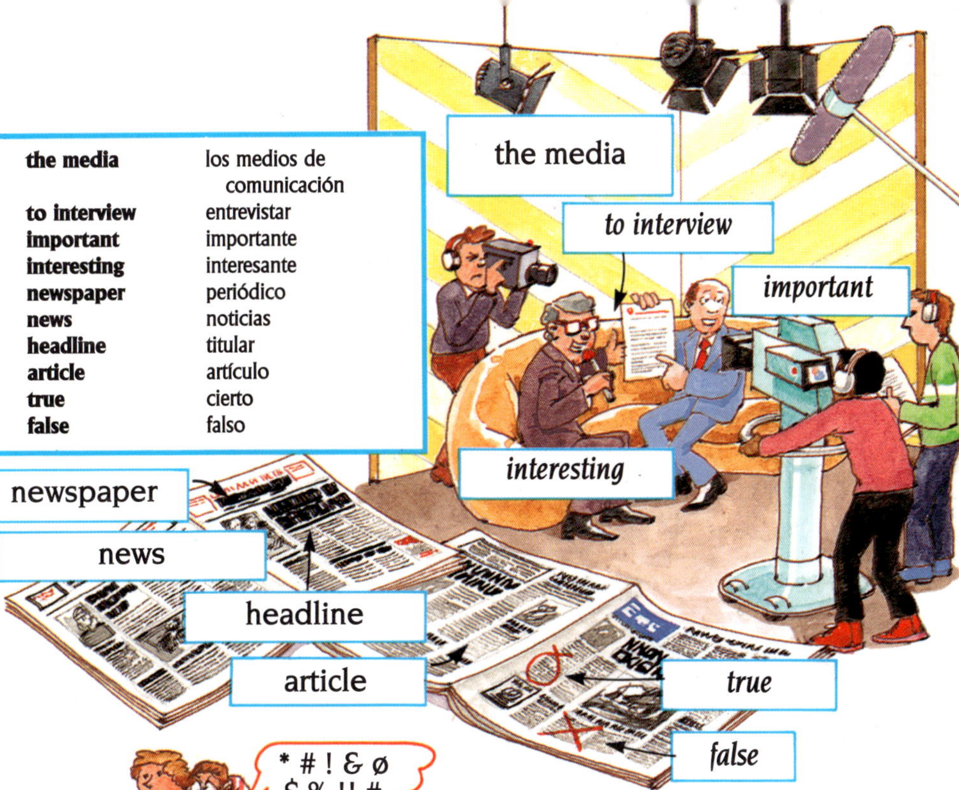

politics	política	**taxes**	impuestos
society	sociedad	**trade union**	sindicato
democratic	democrático	**unemployment**	desempleo, paro
salary, wages	salario, sueldo		

Describir las cosas

noisy	ruidoso
quiet	tranquilo
obedient	obediente
naughty	travieso, desobediente
same	igual
different	distinto

busy	ocupado
useful	útil
together	juntos
alone	solo
frightened	asustado
brave, courageous	valiente

careless	descuidado
careful	cuidadoso
cross	enfadado
pleased with	contento
lively	animado
boring	aburrido

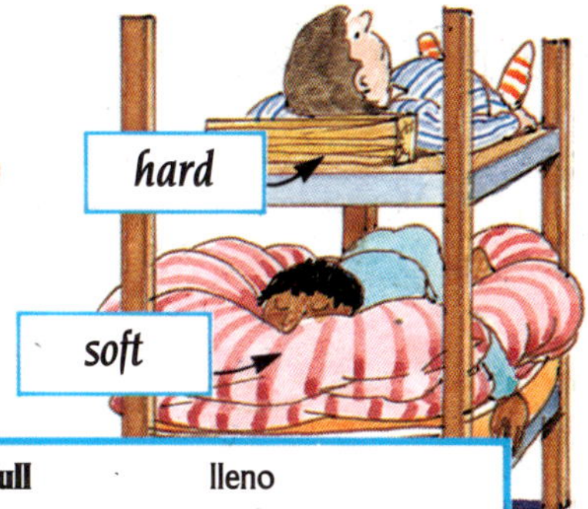

full	lleno
empty	vacío
long	largo
short	corto
hard	duro
soft	blando

new	nuevo
old	viejo
open	abierto
shut	cerrado
deep	profundo
shallow	poco profundo

tight	estrecho
loose	ancho
fashionable	de moda
old-fashioned	anticuado
last	último

made of plastic	de plástico
wooden, made of wood	de madera
made of gold	de oro
made of metal	de metal
made of silver	de plata

Los colores

colour	color	**bright**	chillón
red	rojo	**orange**	naranja
pink	rosa	**blue**	azul
pale	claro	**navy blue**	azul marino
white	blanco	**purple**	morado
black	negro	**dark**	oscuro
grey	gris	**green**	verde
dull	apagado	**flowered**	de flores
brown	marrón	**spotted**	de lunares
yellow	amarillo	**striped**	de rayas

Las preposiciones

in	dentro	**against**	contra
on	encima	**through**	a través de
under	por debajo	**among**	en medio de
over	por encima	**towards**	hacia
into	adentro	**away from (to run away from)**	lejos de (alejarse de)
out of	fuera	**up**	arriba
beside	al lado de	**down**	abajo
between	entre	**opposite**	frente a
near	cerca de	**with**	con
far away from	lejos de	**without**	sin
in front of	delante de		
behind	detrás de		

Algunos verbos

to whisper	susurrar
to shout	gritar
to look for	buscar
to wait for	esperar
to lean on	apoyarse en
to hold	sostener, sujetar

to carry	llevar	**to pick up**	recoger
to drop	caérsele	**to put down**	dejar, poner

to touch	tocar
to open	abrir
to close	cerrar
to pour	echar, verter
to fill	llenar
to shake	agitar
to empty	vaciar

to tear	rasgar
to mend	remendar
to throw	lanzar
to catch	coger, atrapar
to knock over	tirar, volcar
to break	romper

to pull	tirar	**to run away**	escapar
to push	empujar	**to follow**	seguir
to steal	robar	**to hide**	esconderse
to slip	resbalar		

Gramática

Para llegar a hablar una lengua correctamente, hay que conocer al mismo tiempo su gramática. Por eso vamos a explicar algunas reglas básicas de la gramática inglesa. No importa si al principio no os acordáis de todo lo que vais aprendiendo. Avanzad poco a poco y practicad lo que habéis aprendido.

Los nombres

Tal como habíamos dicho en las primeras páginas del libro, los nombres ingleses no tienen ni masculino ni femenino. Normalmente la misma palabra sirve para los dos géneros (p.e.: **the cook** el cocinero, la cocinera), pero no siempre es así (p.e.: **an actor** un actor; **an actress** una actriz).

El plural de los nombres se forma habitualmente añadiéndoles una **s,** como en español. P.e.: **the hats** los sombreros; **birds** pájaros.

Sin embargo, hay algunos nombres que forman el plural de manera diferente. Los nombres que terminan en **s, sh, ch, x, o,** toman **es** en el plural. P.e.: **bus** autobús, plural **buses; bush** arbusto, plural **bushes; lunch** comida, plural **lunches; fox** zorro, plural **foxes; tomato** tomate, plural **tomatoes; glass** vaso, plural **glasses.**

También hay nombres que tienen una forma diferente en singular y en plural. Están indicados en la parte ilustrada. P.e.: **child** niño, plural **children.**

Algunos nombres no toman nunca la marca del plural (p.e.: **hair** pelo; **furniture** muebles; **business** negocios), y otros están siempre en plural (p.e.: **tights** medias; **people** gente).

El, la, los, las – Un, una, unos, unas

El, la, los, las se traducen por **the.** P.e.: **the hat** el sombrero; **the skirt** la falda; **the shoes** los zapatos; **the shirts** las camisas. Sin embargo, cuando se habla en sentido general, se omite el artículo determinado. P.e.: **Flowers are beautiful** Las flores son bonitas (todas las flores). Un y una se traducen por **a** delante de una consonante y **an** delante de una vocal o una h muda. P.e.: **a dog** un perro; **a house** una casa; **an orange** una naranja; **an hour** una hora. Unos y unas: se pone sólo la marca del plural en el nombre. P.e.: **dogs** (unos) perros; **tables** (unas) mesas.

Some y any

Se emplean para traducir «unos», «unas», «un poco de», «algo de», etc. A veces no se traducen al español. **Some** se usa en frases afirmativas, **any** en frases interrogativas.

Ej.: **Give me some bread!** ¡Dame (un poco de) pan!
Do you have any sweets? ¿Tienes (unos) caramelos?

Much y many

Much equivale a mucho o mucha, y **many** a muchos o muchas.

Ej.: **Much water** mucha agua.
Many cherries muchas cerezas.

También se puede usar **a lot of** o **lots of** + un nombre singular o plural.

Ej.: **A lot of books** muchos libros.
Lots of milk mucha leche.

Demostrativos

this (este, esta, esto) **that** (ese, esa, eso, aquel, aquella, aquello)
these (estos, estas) **those** (esos, esas, aquellos, aquellas)
Ej.: **This apple is green, that apple is red.**
Esta manzana es verde, esa (o aquella) manzana es roja.
These horses are white, those horses are red.
Estos caballos son blancos, esos (o aquellos) caballos son rojos.

El caso posesivo

Este giro se emplea para indicar que una cosa pertenece a alguien.
Ej.: **Laura's book** el libro de Laura.
Peter's hat el sombrero de Pedro.
My sister's dog el perro de mi hermana.
Se escribe por tanto el nombre del poseedor + **'s** + el objeto poseído.

Fíjate: el objeto poseído no lleva artículo en inglés en esta construcción.
Atención: no confundáis la **'s** marca de posesión con la **'s** abreviatura de **is** o de **has.**

El adjetivo posesivo

En inglés el adjetivo posesivo concuerda con el poseedor.

my	mi, mis
your	tu, tus
his/her/its	su, sus
our	nuestro, nuestra, nuestros, nuestra
your	vuestro, vuestra, vuestros, vuestras
their	su, sus

Ej.: **Paul's shoes, his shoes** los zapatos de Pablo, sus zapatos. (Pablo es masculino).
Laura's brother, her brother el hermano de Laura, su hermano. (Laura es femenino).
My books mis libros.
I like his watch me gusta su reloj. (De Pedro, por ejemplo).
I like her watch me gusta su reloj. (De María, por ejemplo).

His es para un poseedor masculino, **her** para un poseedor femenino.

Its (la forma neutra) se utiliza si el poseedor es un animal (y se lo considera como neutro) o una cosa.
Ej.: **The leaves of the tree, its leaves** las hojas del árbol, sus hojas.
The tail of the cat, its tail el rabo del gato, su rabo (o **his tail** si es tu animal favorito).

Los adjetivos calificativos

Describen los nombres. En inglés son invariables y se colocan siempre delante del nombre que describen.
Ej.: **A heavy parcel** un paquete pesado.
The green car el coche verde.
Big hands manos grandes.
The leaves are yellow las hojas son amarillas.

Las comparaciones

Mediante los adjetivos calificativos se pueden hacer comparaciones entre las personas, los animales y las cosas.

Más... que
En inglés: adjetivo corto + **er** + **than**
Ej.: **John is taller than his brother** Juan es más alto que su hermano.

Se dobla la consonante final cuando va precedida de una vocal: **fat, fatter.**
Los adjetivos en **y** cambian la **y** por **ier: happy, happier.**
Los adjetivos en **e** toman solamente **r: late, later.**
more + adjetivo largo + **than**
Ej.: **Laura is more beautiful than Mary** Laura es más guapa que María.

Menos... que
En inglés: **less** + adjetivo corto o largo + **than**
Ej.: **less heavy than** menos pesado que

Tan... como
En inglés: **as** + adjetivo + **as**
Ej.: **Luke is as tall as Paul** Lucas es tan alto como Pablo.

En negación: **not as** + adjetivo + **as**
Ej.: **She is not as clever as Mary** No es tan lista como María.
It is not as cold as yesterday No hace tanto frío como ayer.

El/la más...
En inglés: **the** + adjetivo corto + **est**
Ej.: **William is the tallest** Guillermo es el más alto.

the most + adjetivo largo
Ej.: **She is the most beautiful** Es la más guapa.

La modificación de la terminación se rige por las mismas reglas que en el caso de **er.**

Algunos adjetivos son irregulares:	bueno	**good, better, the best**
	malo	**bad, worse, the worst**
	alejado	**far, further, the furthest**

Muy...
En inglés: **very** + adjetivo corto o largo
Ej.: **She is very nice** Es muy simpática.
It is very expensive Es muy caro.

Los pronombres personales de sujeto

Son los que realizan la acción.

I	yo	**we**	nosotros/as
you	tú	**you**	vosotros/as
he/she	él/ella	**they**	ellos/ellas
it	(ello)		

It es el pronombre personal neutro. Representa a un animal o a una cosa.
Ej.: **The box is red; it is red** La caja es roja; es roja.

Los pronombres personales de complemento

Son los que reciben la acción.

me	me, mi	**us**	nos, nosotros
you	te, ti	**you**	vos, vosotros
him	lo, le, él	**them**	los, las, les, ellos, ellas
her	la, le, ella		
it	lo, la, le (animal o cosa)		

Ej.: **Give her the box** Dale la caja (a ella).
She is looking for us Está buscándonos.
This dress is lovely; I bought it yesterday Este vestido es muy bonito; lo compré ayer.

Los pronombres reflexivos

Se emplean cuando el sujeto ejerce la acción sobre sí mismo.

myself	me, yo mismo o misma	**ourselves**	nos, nosotros mismos o nosotras mismas
yourself	te, tú mismo o misma	**yourselves**	os, vosotros mismos o vosotras mismas
himself	se, él mismo		
herself	se, ella misma	**themselves**	se, ellos mismos o ellas mismas
itself	se		

Ej.: **They'll do it themselves** Lo harán ellos mismos.

Algunos verbos se usan siempre con el pronombre reflexivo. He aquí un ejemplo que figura en el libro: **Enjoy yourselves!** ¡Que os lo paséis bien!

Los verbos

En inglés hay dos tipos de presente. El **presente simple** se emplea para acciones que se realizan habitualmente, de vez en cuando, a menudo, siempre o que no se realizan nunca (ejemplos: vivo en Madrid; suelo ir al cine a menudo; me gusta el chocolate). El **presente continuo** se emplea para describir una acción que se está realizando.

El presente simple

Se usa la base del verbo. Ésta es invariable, excepto en la 3.ª persona del singular, a la que se añade una **s.** En frases interrogativas y negativas se emplea el auxiliar **do/does.** Ésta es la conjugación del verbo **to work** «trabajar» en presente simple.

F. afirmativa	F. interrogativa	F. negativa
I work	**do I work?**	**I do not work**
you work	**do you work?**	**you do not work**
he/she/it works	**does he/she/it work?**	**he/she/it does not work**
we work	**do we work?**	**we do not work**
you work	**do you work?**	**you do not work**
they work	**do they work?**	**they do not work**

El presente continuo

Equivale en español a estar + gerundio. Se forma con el verbo **to be** + **ing** añadido al verbo que se conjuga.

Ésta es la conjugación del verbo **to learn** «aprender» en presente continuo:

F. afirmativa	F. interrogativa	F. negativa
I am learning	**am I learning?**	**I am not learning**
you are learning	**are you learning?**	**you are not learning**
he/she/it is learning	**is he/she/it learning?**	**he/she/it is not learning**
we are learning	**are we learning?**	**we are not learning**
you are learning	**are you learning?**	**you are not learning**
they are learning	**are they learning?**	**they are not learning**

Veamos algunos ejemplos del presente:
He lives in Madrid Vive en Madrid
Does he like fish? ¿Le gusta el pescado?
What are you doing? ¿Qué estás haciendo?
They play tennis every Saturday Juegan al tenis todos los sábados.
The children are not sleeping, they are playing Los niños no están durmiendo, están jugando.
It is raining Está lloviendo.

To be y to have

Son verbos irregulares, es decir, con formas distintas para el pasado o el participio (ved más adelante el apartado dedicado a las formas del pasado y a los verbos irregulares). Como se utilizan mucho para conjugar otros verbos, damos aquí su conjugación en presente y en pasado, con sus formas afirmativa, interrogativa y negativa.
Hay que tener en cuenta que **to be** sirve para traducir tanto el verbo «ser» como el verbo «estar», y **to have** para el verbo «haber» y el verbo «tener».

«To be» en presente

F. afirmativa	F. interrogativa	F. negativa
I am	**am I?**	**I am not**
you are	**are you?**	**you are not**
he/she/it is	**is he/she/it?**	**he/she/it does is not**
we are	**are we?**	**we are not**
you are	**are you?**	**you are not**
they are	**are they?**	**the are not**

«To be» en pasado

F. afirmativa	F. interrogativa	F. negativa
I was	**was I?**	**I was not**
you were	**were you?**	**you were not**
he/she/it was	**was he/she/it?**	**he/she/it was not**
we were	**were we?**	**we were not**
you were	**were you?**	**you were not**
they were	**were they?**	**they were not**

«To have» en presente

F. afirmativa	F. interrogativa	F. negativa
I have	**have I?**	**I have not**
you have	**have you?**	**you have not**
he/she/it has	**has he/she/it?**	**he/she/it has not**
we have	**have we?**	**we have not**
you have	**have you?**	**you have not**
they have	**have they?**	**they have not**

«To have» en pasado

F. afirmativa	F. interrogativa	F. negativa
I had	**had I?**	**I had not**
you had	**had you?**	**you had not**
he/she/it had	**had he/she/it?**	**he/she/it had not**
we had	**had we?**	**we had not**
you had	**had you?**	**you had not**
they had	**had they?**	**they had not**

Las contracciones

Los ingleses utilizan muchas contracciones al hablar.
Damos aquí algunas, que son las formas contraídas de lo que se aprende en este libro.
I am = I'm; you are = you're; he/she/it is = he's/she's/it's; we are = we're; they are = they're; you were = you're; I was not = I wasn't; you were not = you weren't; I have, you have, etc. = I've, you've, etc.; he has = he's; I had, you had, etc. = I'd, you'd, etc.; I had not = I hadn't; I do not = I don't; he does not = he doesn't; I did not = I didn't; I will not = I won't.
Los verbos **«to be»** y **«to have»** se pueden contraer de dos maneras distintas en frases negativas (excepto en el caso de **I am not = I'm not): you're not/you aren't, he's not/he isn't, etc.** y **I've not/I haven't, he's not/he hasn't, etc.**

El pasado

El pasado de se expresa de dos maneras:
– con el **«simple past»** (equivalente a nuestro pretérito indefinido) cuando la acción tuvo lugar en un momento concreto del pasado y ya está completamente terminada.
– con el **«present perfect»** (equivalente a nuestro pretérito perfecto) cuando la acción, que comenzó en el pasado, continúa hasta el presente.

El «simple past»

Se forma añadiendo al verbo la terminación **ed** en frases afirmativas, con **did** en frases interrogativas y con **did not** en frases negativas (contracción: **didn't**). Ésta es la conjugación del verbo **to work** «trabajar» en **«simple past»:**

F. afirmativa	F. interrogativa	F. negativa
I worked	**did I work?**	**I did not work**
you worked	**did you work?**	**you did not work**
he/she/it worked	**did he/she/work?**	**he/she/it did not work**
we worked	**did we work?**	**we did not work**
you worked	**did you work?**	**you did not work**
they worked	**did they work?**	**they did not work**

Los verbos que terminan en **e** añaden solamente una **d (like, liked).** Los que acaban en **y** la cambian por **ied (cry, cried).** Los verbos que terminan en **consonante precedida de vocal** doblan la consonante antes de añadir **ed (knit, knitted).**

Ej.: **I worked a lot yesterday** Ayer trabajé mucho.
I went to the pictures on Monday Fui al cine el lunes.
He lived in Madrid in 1986 Vivió en Madrid en 1986.

Sin embargo, hay excepciones a la regla de la terminación en **ed.** Ya hemos dicho que hay verbos irregulares que forman de otra manera el pasado y el participio. La lista de esos verbos está en la página 103. Conviene aprenderla de memoria, pero no todos a la vez, sino cuatro o cinco cada día, por ejemplo.

El «present perfect»

Para todos los verbos (incluidos «**to be**» y «**to have**») se forma con el presente del verbo «**to have**» seguido del participio. El participio de los verbos (salvo el de aquellos que son irregulares) se construye añadiendo **ed** a la base verbal (p.e.: **listen, listened**). Las modificaciones de la terminación son las mismas que en el caso del **«simple past»**. Ésta es la conjugación del verbo **to work** «trabajar» en **«present perfect»**:

F. afirmativa	F. interrogativa	F. negativa
I have worked	**have I worked?**	**I have not worked**
you have worked	**have you worked?**	**You have not worked**
he/she/it has worked	**has he/she/it worked?**	**he/she/it has not worked**
we have worked	**have we worked?**	**we have not worked**
you have worked	**have you worked?**	**you have not worked**
they have worked	**have they worked?**	**they have not worked**

Ej.: **I have worked a lot of today** Hoy he trabajado mucho.
I have broken my arm Me he roto el brazo.
We have not studied this subjet No hemos estudiado este tema.

El futuro

En inglés, como en español, hay varias formas de expresar el futuro. Éstas son las dos más frecuentes:

El futuro simple: expresa una simple previsión, un futuro inevitable, una idea que acaba de surgir.

El futuro de intención: expresa una acción que se va a llevar a cabo.

El futuro simple

El futuro simple de todos los verbos se forma colocando **will** delante de la base verbal (forma contraída **'ll**). En frases interrogativas **will** se pone delante del sujeto y en frases negativas se emplea **will not** (contracción **won't**). Conjugación del verbo **to come** «venir» en futuro:

F. afirmativa	F. interrogativa	F. negativa
I will come	**will I come?**	**I will not come**
you will come	**will you come?**	**you will not come**
he/she/it will come	**will he/she/it come?**	**he/she/it will not come**
we will come	**will we come?**	**we will not come**
you will come	**will you come?**	**you will not come**
they will come	**will they come?**	**they will not come**

Ej.: **We will go to Paris** Iremos a París.
It won't rain tomorrow Mañana no va a llover.
Will you do this for me? ¿Lo harás por mí?

El futuro de intención

Se forma con el presente del verbo **to be** seguido de **going to** y de un infinitivo (en español futuro de indicativo o «ir a + infinitivo»). He aquí el futuro de intención del verbo **to buy** «comprar». Como ya hemos dicho, las formas del verbo **to be** pueden contraerse **(I'm, you're, he's,** etc.). Forma interrogativa: **am I?** etc. Forma negativa: **I'm not,** etc.

I am going to buy
you are going to buy
he/she/it is going to buy
we are going to buy
you are going to buy
they are going to buy

Ej.: **I am going to buy an ice-cream** Voy a comprar un helado.
Are you going to see her tomorrow? ¿Vas a verla mañana?

El imperativo

Es un tiempo que sirve para dar órdenes o expresar una prohibición.
Ej.: **Work!** ¡Trabaja!

Se forma con el infinitivo sin **to** en segunda persona del singular o del plural.
Ej.: **Look!** ¡Mira! ¡Mirad!

La forma negativa se forma con el infinitivo sin **to** precedido de **don't:**
Ej.: **Don't do that!** ¡No hagas eso! ¡No hagáis eso!

Verbos irregulares

Damos aquí la lista de los verbos irregulares que encontraréis en este libro. Tenéis que aprendérosla de memoria (cuatro o cinco cada día, por ejemplo). Para que no se haga demasiado larga, la hemos limitado a los verbos que aparecen en la parte ilustrada del libro. Hay muchos otros, que ya iréis aprendiendo a medida que avancéis en el conocimiento de la lengua.

be ser, estar	**was, were**	**been**
break romper	**broke**	**broken**
bring traer	**brought**	**brought**
burst estallar	**burst**	**burst**
buy comprar	**bought**	**bought**
catch coger, atrapar	**caught**	**caught**
cost costar	**cost**	**cost**
dig cavar	**dug**	**dug**
do hacer	**did**	**done**
drink beber	**drank**	**drunk**
drive conducir	**drove**	**driven**
eat comer	**ate**	**eaten**
fall caer	**fell**	**fallen**

feed dar de comer	**fed**	**fed**
find encontrar	**found**	**found**
get obtener	**got**	**got**
give dar	**gave**	**given**
go ir	**went**	**gone**
hang colgar	**hung**	**hung**
have tener, haber	**had**	**had**
hide esconder	**hid**	**hidden**
hold sostener	**held**	**held**
keep mantener	**kept**	**kept**
kneel arrodillarse	**knelt**	**knelt**
lay poner	**laid**	**laid**
lean apoyarse	**leant**	**leant**
learn aprender	**learnt**	**learnt**
lie tumbarse	**lay**	**lain**
lose perder	**lost**	**lost**
make hacer, fabricar	**made**	**made**
meet encontrarse con	**met**	**met**
mow segar	**mowed**	**mowed, mown**
put poner	**put**	**put**
read leer	**read**	**read**
ride montar	**rode**	**ridden**
ring sonar	**rang**	**rung**
run correr	**ran**	**run**
say decir	**said**	**said**
see ver	**saw**	**seen**
send enviar	**sent**	**sent**
sell vender	**sold**	**sold**
sew coser	**sewed**	**sewn**
shake agitar	**shook**	**shaken**
shine brillar	**shone**	**shone**
shut cerrar	**shut**	**shut**
sing cantar	**sang**	**sung**
sit sentarse	**sat**	**sat**
sleep dormir	**slept**	**slept**
sow sembrar	**sowed**	**sowed, sown**
spend gastar	**spent**	**spent**
stand estar de pie	**stood**	**stood**
steal robar	**stole**	**stolen**
stick pegar	**stuck**	**stuck**
swim nadar	**swam**	**swum**
take coger, tomar	**took**	**taken**
teach enseñar	**taught**	**taught**
tear romper, rasgar	**tore**	**torn**
think pensar	**thought**	**thought**
throw lanzar	**threw**	**thrown**
wear llevar puesto	**wore**	**worn**
weep llorar	**wept**	**wept**
win ganar	**won**	**won**
write escribir	**wrote**	**written**

Pronombres interrogativos

Se emplea **who** «quién» para preguntar sobre las personas. Se emplea **what** «qué», «cuál» para preguntar sobre los animales o las cosas. Se emplea **whose** «de quién» para preguntar sobre la posesión. Se emplea **which** «qué», «cuál» cuando se propone una elección entre varias opciones.

Ejemplos:

Who is this man? ¿Quién es este señor?
What are you doing? ¿Qué estás haciendo?
Whose boat is this? ¿De quién es este barco?
Which colour do you prefer? ¿Qué color prefieres?
Which of these boys is your friend? ¿Cuál de estos niños es tu amigo?
What do you choose? ¿Qué escoges?

Y también...

When did she go to Paris? ¿Cuándo fue ella a París?
How did you get here? ¿Cómo llegaste aquí?
How much does the ticket cost? ¿Cuánto cuesta el billete?
How long is the film? ¿Cuánto dura la película?
How many brothers do you have? ¿Cuántos hermanos tienes?
Why did he say that? ¿Por qué dijo eso?
Where is the cinema? ¿Dónde está el cine?
Where are you from? ¿De dónde eres?

Explicación de las frases

La parte ilustrada del libro comprende, además de las palabras, unas cuantas frases y expresiones. Mostramos aquí, indicando la página en que aparecen, algunas de esas frases y expresiones, junto con su equivalente español, la traducción literal (cuando sea posible) y la explicación de las palabras de que constan. Cuando el sentido palabra por palabra es el mismo en las dos lenguas, no se hace mención de la frase. Los aspectos gramaticales están explicados en la sección correspondiente.

página 4
• **See you later** Hasta luego.
Literalmente: «Te veo más tarde» **To see =** ver; **later =** comparativo de superioridad de **late** «tarde».

página 5
• **What's your name?** ¿Cómo te/se llama(s)?
Lit. «¿Cuál es tu/su nombre?» **What =** pronombre interrogativo «¿qué?», «¿cuál?»
Respuesta: **My name is...** Me llamo... Lit. «Mi nombre es... ».
• **How old are you?** ¿Cuántos años tienes?
Empleo idiomático del verbo **«to be»** para la edad. **How =** cómo. **Old =** viejo.
Respuesta: **I'm nineteen** Tengo 19 años.

página 11
• **to stand up** levantarse**, to kneel down** arrodillarse**, to lie down** tumbarse**, to sit down** sentarse:
verbo + preposición: acción de «levantarse», etc.
to be standing estar de pie, **to be kneeling** estar de rodillas, **to be lying down** estar tumbado, **to be sitting down** estar sentado:
verbo **«to be»** + forma verbal en **ing:** la posición.

página 18
• **Beware of the dog** Cuidado con el perro:
Lit. «Guardarse **(to beware)** del perro».

página 20
• **To have a shower** Ducharse:
To have tiene a veces este sentido de «tomar», «darse»; otros ejemplos: **to have a bath** (p. 24) bañarse, **to have breakfast** desayunar, tomar el desayuno.

página 24
• **To be sleepy** Tener sueño:
Es uno de los casos en que el verbo **to be** se traduce por «tener». Otros ejemplos: **to be hungry** tener hambre (p. 26), **to be thirsty** tener sed (p. 26), **to be hot** tener calor (p. 85).
• **To get dressed/to get undressed** vestirse/desvestirse. Empleo idiomático del verbo **to get =** lograr, conseguir, hacerse, ponerse. **Dressed/undressed** participios de los verbos **to dress/to undress** vestir/desvestir. Otros ejemplos: **to get engaged** prometerse (novios), **to get married** casarse (p. 79).

página 26
• **Enjoy your meal!** ¡Que aproveche!
To enjoy = gustar, disfrutar; **your meal =** tu/vuestra comida.

página 37
• **What would you like?** ¿Qué va a tomar?
What = qué; **would you like =** le gustaría. Aquí se emplea el condicional, que se forma con **would (would not** en frases negativas) + el verbo.

página 44
• **Can I help you?** ¿Qué desea? ¿En qué puedo servirle?
Can I = puedo; **to help =** ayudar; **you =** te/le.
• **How much is...? ¿Cuánto cuesta...?**
How much = cuánto; empleo del verbo **to be** para esta expresión idiomática.

página 48
• **Who's speaking?** ¿Quién es? (por teléfono).
Who = quién; **is speaking** está hablando.

página 49
• **Please find enclosed** Adjunto te/le envío:
Please = por favor; **to find =** encontrar; **enclosed =** adjunto.
• **Having a lovely time** Lo estamos pasando muy bien:
To have = tener; **a lovely time =** momentos agradables.

página 54
• **The train to...** El tren con destino a...; **the train from...** El tren procedente de...
To es una preposición que indica que una persona, animal o cosa se dirige a un lugar determinado. **From** es otra preposición de movimiento que indica la procedencia, el origen.

página 81
• **(on) Tuesday, the 2nd of June...** el martes dos de junio...
Hay que tener presente que para las fechas se utilizan en inglés los números ordinales (primero, segundo, etc.). Por lo tanto, lit., «martes, el segundo de junio».

página 82
• **In the morning** por la mañana, **in the daytime** de día, **in the evening** por la tarde, **at night** por la noche: **In** y **at** son dos preposiciones que se usan también para indicar el tiempo. Además de en las frases que acabamos de ver, **in** se emplea también delante de los meses, las estaciones y los años. P.e.: **in June** en junio.
At se emplea para indicar las horas.
Ej.: **at ten** a las diez.

página 83
• **What time is it?** ¿Qué hora es?
What = qué; **time =** tiempo; **is it =** es.

La hora se expresa de la manera siguiente: para los minutos entre la hora y la media se dice el número de minutos que pasan de la hora, la palabra **past,** que aquí quiere decir «pasadas, después de las», y la hora; para los minutos entre la media y la hora se dicen los minutos que faltan para la hora, la palabra **to,** que aquí quiere decir «para las, hasta las», y la hora que va a dar. Para la hora en punto se puede añadir la palabra **o'clock.** Ved los ejemplos en la parte ilustrada.

página 84
• **It's raining** Está lloviendo:
El verbo **to rain** «llover» se emplea siempre con el pronombre neutro **it.**
Otro ejemplo p. 85: **It's snowing** Está nevando.

página 85
• **What is the weather like?** ¿Qué tiempo hace?
Expresión idiomática. **What is... like?** significa «¿Cómo es...?».
• **It's windy** Hace viento; **It's cold** Hace frío; **It's fine** Hace bueno:
Se emplea el verbo **to be** para traducir «hace» seguido del adjetivo correspondiente (en estos ejemplos, **windy =** ventoso, **cold =** frío, **fine =** bueno).

página 94
• **To look for** buscar; **to wait for** esperar; (p. 95) **to knock over** volcar, tirar:
Algunos verbos llevan siempre una preposición de la que no se pueden separar. Hay que aprender el verbo y la preposición juntos.
Ej.: **I'm looking for my watch** Estoy buscando mi reloj.
He's knocked over the jar Ha tirado la jarra.

Vocabulario español-inglés

A	
abeja	**bee**
abeto	**fir tree**
abierto	**open**
abogado	**lawyer**
abono [de transporte]	**season ticket**
abrigo	**coat**
abril	**April**
abrir	**to open**
abuela	**grandmother**
abuelo	**grandfather**
aburrido	**boring**
acampar	**to camp**
aceite	**oil**
acelerar	**to gather speed**
acera	**pavement**
acomodador	**usher**
acomodadora	**usherette**
actor	**actor**
actriz	**actress**
adelantar [en coche]	**to overtake**
adiós	**goodbye**
aduana	**customs**
aduanero	**customs officer**
aeropuerto	**airport**
afeitarse	**to shave**
África	**Africa**
afueras	**suburb**
agarrarse	**to hang on**
agitar	**to shake**
agosto	**August**
agua mineral	**mineral water**
águila	**eagle**
aguja	**needle**
agujas de hacer punto	**knitting needles**
ahora	**now**
ajedrez	**chess**
ajo	**garlic**
ala	**wing**
alacena	**cupboard**
albañil	**builder, labourer**
albaricoque	**apricot**
albornoz	**bathrobe**
alemán	**German**
Alemania	**Germany**
alfiler	**pin**
alfombra	**rug**
alfombra de baño	**bathmat**
alga	**seaweed**
alianza	**wedding ring**
almohada	**pillow**
almuerzo	**lunch**
alpinista	**climber**
altavoz	**loudspeaker**
alto	**tall**
altura	**height**
alumno	**pupil**
amanecer	**dawn**
amargo	**bitter, sharp**
ambulancia	**ambulance**
amiga	**friend**
amigo	**friend**
ancho	**broad**
anchura	**width**
ancla	**anchor**
andar	**to walk**
andén	**platform**
anillo	**ring**
animado	**lively**
animal	**animal**
año	**year**
anteayer	**the day before yesterday**
anticuado	**old-fashioned**
anuncio	**advertisement**
anzuelo	**hook**
apagar la luz	**to switch the light off**
aparcamiento	**car-park**
aparcar	**to park**
apellido	**surname**

aplaudir	**to clap**
apoyarse	**to lean on**
aprender	**to learn**
aprobar un examen	**to pass an exam**
apuesto	**handsome**
araña	**spider**
arar	**to plough**
árbitro	**referee**
árbol	**tree**
árbol de Navidad	**Christmas tree**
arbusto	**bush**
arco iris	**rainbow**
ardilla	**squirrel**
arena	**sand**
arquitecto	**architect**
arreglar	**to mend**
arriate	**flowerbed**
arrodillarse	**to kneel down**
arroyo	**stream**
arroz	**rice**
artículo	**article**
ascensor	**lift**
asiento	**seat**
asignatura	**subject**
astilleros	**docks**
asustado	**frightened**
atasco	**traffic jam**
aterrizar	**to land**
atletismo	**athletics**
atrapar	**to catch**
aula	**classroom**
auricular	**receiver**
Australia	**Australia**
autobús	**bus, coach**
autovía	**motorway**
ave	**bird**
avestruz	**ostrich**
avión	**aeroplane**
avispa	**wasp**
ayer	**yesterday**
ayuntamiento	**town hall**
azafata	**air hostess**
azúcar	**sugar**
azul	**blue**
azul marino	**navy blue**

B

bailar	**to dance**
bailarín	**dancer**
bailarina	**dancer**
bajar las escaleras	**to go downstairs**
bajo	**short**
bajo [piso]	**ground floor**
balcón	**balcony**
ballet	**ballet**
balón	**ball**
bañarse	**to have a bath**
banco	**bank**
banco [de sentarse]	**bench**
bandeja	**tray**
bandera	**flag**
bañera	**bath**
barato	**cheap, good value**
barba	**beard**
barbilla	**chin**
barco	**ship**
barra de labios	**lipstick**
barra de pan	**French stick**
barrio	**district**
báscula	**scales**
bastón de esquiar	**ski pole**
basurero	**dustman**
bata	**dressing gown**
batir	**to mix**
bebé	**baby**
beber	**to drink**
Bélgica	**Belgium**
biblioteca	**library**
bicicleta	**bicycle**

bigote **moustache**
billete **note, ticket**
billete de avión **airline ticket**
billete de ida y vuelta **return ticket**
biología **biology**
bizcocho **cake**
blanco **white**
blando **soft**
blusa **blouse**
boca **mouth**
bocina **horn**
boda **wedding**
bodega [barco] **hold**
bola, pelota **ball**
bolígrafo **ball-point pen**
bollo **roll, pastry**
bolsa de la compra **shopping bag**
bolsillo **pocket**
bolso **handbag**
bombero **fireman**
bonito **lovely, beautiful**
bosque **wood**
bostezar **to yawn**
botas **boots**
botas de esquiar **ski boots**
bote de remos **rowing boat**
bote [lata] **tin**
botella **bottle**
botón **button**
botón de oro **buttercup**
botones **porter**
bragas **knickers**
brazo **arm**
broche **brooch**
bronceador **suntan lotion**
buenas noches **good night**
buenos días **good morning**
bufanda **scarf**
bulbo **bulb**
buque **ship**
burro **donkey**
buscar **to look for**
butaca **armchair**
buzón **letter box, post-box**

C

caballo **horse**
cabeza **head**
cabina de teléfono **telephone box**
cabra **goat**
cachorro **puppy**
cadena [TV] **channel**
café **coffee**
cafetera **coffee-pot**
cajero **cashier**
calcetines **socks**
calculadora **calculator**
calcular **to do sums, to calculate**
calendario **calendar**
calle **street**
calvo **bald**
calzoncillos **underpants**
cama **bed**
cámara de vídeo **video camera**
camarero **waiter**
camarote **cabin**
cambiar dinero **to change money**
camello **camel**
camilla **stretcher**
caminar **to walk**
camino **path**
camión **lorry**
camionero **lorry-driver**
camisa **shirt**
camiseta **T-shirt, vest**
camisón **nightdress**
campo **field, countryside**
caña de pescar **fishing rod**
Canadá **Canada**

canal [TV]	**channel**
cangrejo	**crab**
canguro	**kangaroo**
cantar	**to sing**
capitán	**captain**
capó	**bonnet**
cara	**face**
caracola	**shell**
carámbano	**icicle**
cargamento	**cargo**
cargar	**to load**
cariñoso	**friendly**
carne	**meat**
carnicería	**butcher's**
caro	**expensive**
carpintería	**woodwork**
carreras de caballos	**horse racing**
carreras de coches	**motor racing**
carretera	**road**
carretilla	**wheelbarrow**
carrito	**trolley**
carta	**letter**
carta [en un restaurante]	**menu**
cartera [de bolsillo]	**wallet**
cartera [de colegio]	**satchel**
cartero	**postman**
casa	**house**
casarse	**to get married**
cascos	**headphones**
caseta	**garden shed**
caseta [de perro]	**kennel**
casita	**cottage**
casete	**cassette**
castaño	**brown**
castillo de arena	**sandcastle**
catedral	**cathedral**
cavar	**to dig**

cazadora	**jacket**
cazo	**saucepan**
cebo	**bait**
cebolla	**onion**
cebra	**zebra**
cementerio	**cemetery**
cena	**supper**
centímetro	**centimetre**
centro	**centre**
cepillar	**to brush**
cepillo	**brush**
cepillo de dientes	**toothbrush**
cerdo	**pig**
cereza	**cherry**
cerrado	**shut**
cerrar	**to close**
cerveza	**beer**
césped	**lawn**
cesta	**basket**
champú	**shampoo**
chándal	**tracksuit**
chapotear	**to splash**
chaqueta de lana	**cardigan**
charco	**puddle**
charlar	**to chat**
chimenea	**chimney**
chimenea [de barco]	**funnel**
China	**China**
chocolate	**chocolate**
chuleta de cerdo	**pork chop**
ciclomotor	**moped**
cielo	**sky**
cima	**summit**
cine	**cinema**
cinturón	**belt**
cinturón de seguridad	**safety belt**
círculo	**circle**
ciruela	**plum**
cirujano	**surgeon**

ciudad	**town**
clasificar	**to sort, to sort out**
cliente	**customer, client**
clima	**climate**
cobaya	**guinea pig**
coche	**car**
coche cama	**sleeping-car**
coche de bomberos	**fire engine**
cochecito	**push-chair**
cocina	**kitchen**
cocinar	**to cook**
código postal	**postal code**
codo	**elbow**
coger	**to catch, to take**
coger el tren	**to catch the train**
colcha	**bedspread**
colección	**collection**
coleccionar sellos	**to collect stamps**
coles de Bruselas	**Brussels sprouts**
colgar el teléfono	**to hang up**
coliflor	**cauliflower**
colina	**hill**
collar	**necklace**
color	**colour**
columpio	**swing**
combinación [prenda]	**petticoat, slip**
comedor	**dining room**
comer	**to eat**
cómic	**comic**
comisaría	**police station**
completo [hotel]	**fully booked**
comprar	**to buy**
con	**with**
con retraso	**late**
concha	**shell**
conducir	**to drive**
conductor	**driver**
conejo	**rabbit**
confeccionar	**to make**
congelados	**frozen food**
cono	**cone**
conservas	**tinned food**
consigna [estación]	**left luggage office**
contento	**happy**
continente	**continent**
contratar a alguien	**to employ someone**
corbata	**tie**
cordero	**lamb**
coro	**choir**
corral	**farmyard**
correo	**mail**
correos	**post office**
correr	**to run**
cortina	**curtain**
corto	**short**
cosechar	**to harvest**
coser	**to sew**
cremallera	**zip**
criar	**to bring up**
crisantemo	**chrysanthemum**
crudo	**raw**
cruzar la calle	**to cross the street**
cuaderno	**exercise book**
cuadra	**stable**
cuadrado	**square**
cuadro	**painting**
cuarto de baño	**bathroom**
cubierta [barco]	**deck**
cubo	**bucket**
cubo de la basura	**bin**
cuchara	**spoon**
cuchillo	**knife**
cuello	**neck**
cuenco	**bowl**
cuenta	**bill**
cuerpo	**body**
cuidadoso	**careful**

cumbre	**summit**
cumpleaños	**birthday**
cuna	**cot**
curar	**to cure**

D

damas [juego]	**draughts**
dar de comer	**to feed**
dar las gracias	**to thank**
dar un beso	**to kiss**
dar un paseo	**to go for a walk**
darse la mano	**to shake hands**
darse prisa	**to hurry**
de acuerdo	**I agree**
de día	**in the daytime**
de moda	**fashionable**
de noche	**at night**
debilucho	**weak**
decir	**to say**
decorado	**scenery**
dedo	**finger**
dedo del pie	**toe**
delgado	**thin**
democrático	**democratic**
dentista	**dentist**
dependienta	**shop assistant**
deporte	**sport**
derecha	**right**
derretirse	**to thaw**
desafinar	**to sing out of tune**
desatornillador	**screwdriver**
descalzo	**barefoot**
descansar	**to rest**
descargar	**to unload**
descolgar el teléfono	**to pick up the receiver**
descuidado	**careless**
desempleo	**unemployment**
desenfocado	**out of focus**
desierto	**desert**
desmayarse	**to faint**
desnudo	**naked**
desobediente	**naughty**
despedir [de un trabajo]	**to fire**
despegar [avión]	**to take off**
despertador	**alarm clock**
despertarse	**to wake up**
desván	**attic**
desvestirse	**to get undressed**
día	**day**
dibujante	**designer**
diciembre	**December**
diente	**tooth (pl.: teeth)**
difícil	**difficult**
dinero	**money**
diputado	**member of parliament**
dirección	**address**
dirección prohibida	**no entry**
dirección única	**one way**
director de banco	**bank manager**
director de orquesta	**conductor**
director [colegio]	**headmaster**
directora [colegio]	**headmistress**
disco	**record**
divertirse	**to have fun, to enjoy**
dividir	**to divide**
dolor de cabeza	**headache**
dolor de muelas	**toothache**
domesticado	**tame**
domingo	**Sunday**
dormir	**to sleep**
dormitorio	**bedroom**
ducha	**shower**
ducharse	**to have a shower**
dulce	**sweet**
duro	**hard**

E

echar al correo	**to post**
Ecuador	**Equator**
edad	**age**
edificio	**building, block of flats**
edredón	**duvet**
educado	**polite**
electricidad	**electricity**
elefante	**elephant**
embarcar	**to board**
empleado	**employee**
empujar	**to push**
encender la luz	**to switch the light on**
enchufe	**plug**
encontrarse a	**to meet**
enero	**January**
enfadado	**cross**
enfermera	**nurse**
enfocado	**in focus**
ensalada	**salad**
enseñar	**to teach**
entrada	**entrance**
entrevistar	**to interview**
enviar	**to send**
equipaje de mano	**hand luggage**
equipo	**team**
erizo	**hedgehog**
esbelto	**slim**
escalador	**climber**
escalar	**to climb**
escalera mecánica	**escalator**
escalera (de mano)	**ladder**
escaleras	**staircase, stairs**
Escandinavia	**Scandinavia**
escapar	**to run away**
escaparate	**window display, shop window**
escardar	**to weed**
escarpado	**steep**
escenario	**stage**
esconderse	**to hide**
escribir	**to write**
espacio	**space**
espalda	**back**
España	**Spain**
español	**Spanish**
espantapájaros	**scarecrow**
esparadrapo	**sticking plaster**
especias	**spices**
espejo	**mirror**
esperar	**to wait for**
espinaca	**spinach**
espuma de afeitar	**shaving foam**
esquí	**ski**
esquina	**corner**
establo	**cowshed**
estación	**station**
estación (del año)	**season**
estación de esquí	**ski resort**
estación de metro	**underground station**
Estados Unidos	**United States**
estanque	**pond**
estar acatarrado	**to have a cold**
estar de pie	**to be standing**
estar de rodillas	**to be kneeling**
estar en forma	**to be fit**
estar enfermo	**to be sick**
estar helado	**to be frozen**
estar sentado	**to be sitting down**
estar tumbado	**to be lying down**
estatua	**statue**
Este	**East**
estirarse	**to stretch**
estómago	**stomach**

estornudar	**to sneeze**
estrecho	**narrow, tight**
estrella	**star**
estuche	**pencil case**
estudiante	**student**
estudiar	**to study**
etiqueta	**lable**
Europa	**Europe**
examen	**exam**
exposición	**exhibition**

F

fábrica	**factory**
fabricar	**to make, to manufacture**
fácil	**easy**
facturación	**check-in**
falda	**skirt**
falso	**false**
familia	**family**
famoso	**famous**
farmacia	**chemist's**
faro |de coche|	**headlight**
farola	**street lamp**
febrero	**February**
fecha	**date**
felicitar	**to congratulate**
felpudo	**doormat**
ferrocarril	**railway**
ferry	**ferry**
fideos	**noodles**
fiesta	**party**
filete	**steak**
fin de semana	**week-end**
física	**physics**
flequillo	**fringe**
flores silvestres	**wild flowers**
flotar	**to float**
foco	**spotlight**
fontanero	**plumber**
forma	**shape**
foto	**photograph**
fotografía	**photography**
fotógrafo	**photographer**
fragante	**sweet-smelling**
frambuesa	**raspberry**
francés	**French**
Francia	**France**
fregadero	**sink**
fregar los platos	**to wash up**
frenar	**to slow down**
fresco	**fresh**
fruncir el ceño	**to frown**
fruta	**fruit**
fuego	**fire**
fueraborda	**powerboat**
fuerte	**strong**
funeral	**funeral**
furgoneta	**van**
fútbol	**football**
futuro	**future**

G

gafas	**glasses**
gafas de sol	**sunglasses**
galaxia	**galaxy**
galería	**art gallery**
galleta	**biscuit**
gallina	**hen**
gallinero	**henhouse**
gallo	**cock**
ganar	**to win**
ganga	**bargain**
ganso	**goose (pl.: geese)**
garage	**garage**
gas	**gas**
gasolina	**petrol**
gasolinera	**petrol station**
gastar	**to spend**
gatito	**kitten**
gato	**cat**
gemelos	**twin brothers**
gente	**people**
geografía	**geography**

geranio	**geranium**
gimnasia	**gymnastics**
girar a la izquierda	**to turn left**
girar a la derecha	**to turn right**
globo	**balloon**
gobierno	**government**
golf	**golf**
goma [de borrar]	**rubber**
gordo	**fat**
gorila	**gorilla**
gorra	**cap**
gorrión	**sparrow**
gota de lluvia	**raindrop**
gracias	**thank you**
gracioso	**funny**
Gran Bretaña	**Great Britain**
gran ciudad	**city**
grande	**big, large**
grandes almacenes	**department store**
granero	**barn**
granizo	**hail**
granja	**farm**
granjero	**farmer**
grifo	**tap**
gris	**grey**
gritar	**to shout**
gruñir	**to growl**
guantes	**gloves**
guapa	**pretty**
guardería	**nursery school**
guía teléfonica	**telephone directory**
guisante	**pea**
guitarra	**guitar**
gustar	**to like, to enjoy**

H

hábil	**skilful, good with your hands**
habitación doble	**double room**
habitación individual	**single room**
hace calor	**it's hot**
hace frío	**it's cold**
hace viento	**it's windy**
hacer	**to make, to do**
hacer cola	**to queue**
hacer ejercicio	**to exercise**
hacer las maletas	**to pack**
hacer punto	**to knit**
hacer un examen	**to sit an exam**
hacer una foto	**to take a photograph**
hacer una pregunta	**to ask a question**
hacia atrás	**backwards**
hacia delante	**forwards**
hámster	**hamster**
harina	**flour**
hasta luego	**see you later**
helada	**frost**
helado	**ice-cream**
heno	**hay**
hermana	**sister**
hermano	**brother**
héroe	**hero**
heroína	**heroine**
hierba	**grass**
hierbas aromáticas	**herbs**
hija	**daughter**
hijo	**son**
hijo único	**only son**
hilo	**thread**
hipopótamo	**hippopotamus**
historia	**history**
hoja	**leaf (pl.: leaves)**
hola	**hello**
hombre	**man (pl.: men)**
hombro	**shoulder**

hora	**hour**
horario	**timetable**
horno	**oven**
hotel	**hotel**
hoy	**today**
huerta	**orchard**
huerto	**vegetable patch**
huevos	**eggs**
humo	**smoke**

I

iglesia	**church**
impermeable	**raincoat**
importante	**important**
impreso	**form**
impuestos	**taxes**
India	**India**
infancia	**childhood**
informática	**computer studies**
inglés	**English**
ingredientes	**ingredients**
inquilino	**tenant**
instrumento	**instrument**
interesante	**interesting**
intermitente	**indicator**
inundación	**flood**
invernadero	**greenhouse**
invierno	**winter**
invitado	**guest**
invitar	**to invite**
inyección	**injection**
ir a buscar	**to fetch**
ir a pescar	**to go fishing**
ir al cine	**to go to the cinema**
ir al mercado	**to shop at the market**
ir de compras	**to go shopping**
irse a la cama	**to go to bed**
irse de vacaciones	**to go on holiday**
Italia	**Italy**
izquierda	**left**

J

jabón	**soap**
jamón	**ham**
Japón	**Japan**
jardinero	**gardener**
jarra	**jug**
jaula	**cage**
jefe	**boss**
jefe de estación	**guard**
jersey	**jumper**
jirafa	**giraffe**
joroba	**hump**
joven	**young**
joyas	**jewellery**
jubilarse	**to retire**
judía verde	**green bean**
judías	**beans**
juegos	**games**
jueves	**Thursday**
juez	**judge**
jugador	**player**
jugar	**to play**
jugar a las cartas	**to play cards**
juguete	**toy**
juguetón	**playful**
julio	**July**
junco	**reed**
junio	**June**
juntos	**together**

K

kilo	**kilo**

L

labio	**lip**
lado	**side**
ladrar	**to bark**
lago	**lake**
lana	**wool**
lanzar	**to throw**
lápiz	**pencil**
largo	**long**

lata	**tin**
lavadora	**washing machine**
lavar la ropa	**to do the washing**
lavarse	**to wash, to have a wash**
lavarse los dientes	**to clean your teeth**
lección	**lesson**
leche	**milk**
lechuga	**lettuce**
lechuza	**owl**
leer	**to read**
leer un cuento	**to read a story**
leña	**wood**
lengua	**tongue**
lenguado	**sole**
lento	**slow**
león	**lion**
levantarse	**to stand up, to get up**
libélula	**dragonfly**
librería	**bookshop**
librería-papelería	**bookshop and stationer's**
libro	**book**
libro de bolsillo	**paperback**
líder	**leader**
limón	**lemon**
limpio	**clean**
lindo	**sweet**
litro	**litre**
llamar al timbre	**to ring the bell**
llamar por teléfono	**to make a telephone call**
llegada	**arrival**
llegar tarde	**to be late**
llenar	**to fill**
llenar el depósito	**to fill up with petrol**
llenar la bañera	**to run a bath**
lleno	**full**
llevar	**to carry**
llevar puesto	**to wear**
llorar	**to cry**
llover	**to rain**
lluvia	**rain**
locomotora	**engine**
longitud	**length**
luna	**moon**
luna de miel	**honeymoon**
lunes	**Monday**
luz	**light**

M

madera	**wood**
madre	**mother**
maduro	**ripe**
mala hierba	**weed**
maleducado	**rude**
maleta	**suitcase**
maletero	**boot**
mañana	**tomorrow**
mañana por la mañana	**tomorrow morning**
mañana por la tarde	**tomorrow evening**
manitas	**skilful, good with your hands**
mano	**hand**
mantel	**tablecloth**
mantequilla	**butter**
manzana	**apple**
manzano	**apple tree**
mapa	**map**
maquillarse	**to put on make-up**
máquina fotográfica	**camera**
maquinilla de afeitar	**razor**
maquinilla eléctrica	**electric shaver**
mar	**sea**
marcar un gol	**to score a goal**

marcar un número	**to dial a number**
marearse	**to be seasick**
margarina	**margarine**
margarita	**daisy**
marido	**husband**
marinero	**sailor**
mariposa	**butterfly**
marisco	**sea food**
martes	**Tuesday**
martillo	**hammer**
marzo	**March**
matemáticas	**maths**
matrícula	**number plate**
matrimonio	**marriage**
maullar	**to mew**
mayo	**May**
mayúscula	**capital letter**
mecánico	**mechanic**
medianoche	**midnight**
medias	**tights**
médico	**doctor**
mediodía	**midday**
medios de comunicación	**media**
medir	**to measure**
mejilla	**cheek**
melocotón	**peach**
melón	**melon**
mercado	**market place**
mercería	**needlecraft shop**
mermelada	**jam**
mes	**month**
mesa	**table**
mesita de noche	**bedside table**
metro	**metre**
metro [transporte]	**underground**
mezclar	**to mix**
miel	**honey**
miembro	**member**
miércoles	**Wednesday**
minuto	**minute**
mirlo	**blackbird**
mochila	**rucksack, backpack**
modelo	**model**
moneda	**coin**
monedero	**purse**
monitor de esquí	**ski instructor**
mono	**monkey**
mono [prenda]	**dungarees**
montaña	**mountain**
montar en bicicleta	**to ride a bicycle**
montar una tienda de campaña	**to pitch a tent**
monte	**mountain**
moqueta	**fitted carpet**
morado	**purple**
moreno	**dark, tanned**
morir	**to die**
mosca	**fly**
mosquito	**mosquito**
mostaza	**mustard**
mostrador	**counter**
moto	**motorbike**
mozo de estación	**porter**
muchas gracias	**thank you very much**
muebles	**furniture**
muerte	**death**
mujer	**wife, woman (pl.: women)**
multiplicar	**to multiply**
multitud	**crowd**
mundo	**world**
muñeca	**doll**
muñeca [articulación]	**wrist**
muñeco de nieve	**snowman**
música	**music**
música clásica	**classical music**
música pop	**pop music**

músico	**musician**
muy bien, gracias	**very well, thank you**

N

nacer	**to be born**
nacimiento	**birth**
nadar	**to swim**
nana	**lullaby**
naranja	**orange**
narciso	**daffodil**
nariz	**nose**
nata	**cream**
nave espacial	**spaceship**
Navidad	**Christmas Day**
Navidades	**Christmas**
neumático	**tyre**
nevar	**to snow**
nevera	**fridge**
nido	**nest**
niebla	**fog**
nieta	**granddaughter**
nieto	**grandson**
nieve	**snow**
niña	**girl**
niño	**boy**
niños	**children**
no	**no, not**
Nochebuena	**Christmas Eve**
nombre	**name**
nomeolvides	**forget-me-not**
Norte	**North**
noticias	**news**
novela	**novel**
noviembre	**November**
nube	**cloud**
Nueva Zelanda	**New Zealand**
nuevo	**new**

O

obediente	**obedient**
obra de teatro	**play**
océano Atlántico	**Atlantic Ocean**
oceáno Pacífico	**Pacific Ocean**
octubre	**October**
Oeste	**West**
oficina	**office**
oficinas	**offices, office block**
oficio	**job, profession**
oír	**to hear**
oír la radio	**to listen to the radio**
oír música	**to listen to music**
ojo	**eye**
operación	**operation**
oración [frase]	**sentence**
ordenador	**computer**
ordeñar	**to milk the cows**
oreja	**ear**
orilla	**bank**
ortografía	**spelling**
oscuro	**dark**
oso polar	**polar bear**
otoño	**autumn**
oveja	**sheep**

P

paciente	**patient**
padre	**father**
padres	**parents**
país	**country**
paisaje	**landscape**
Países Bajos	**Netherlands**
pájaro	**bird**
pala	**spade**
palabra	**word**
paleta	**trowel**
paloma	**pigeon**
pan	**bread**
panadería	**bakery**
paño	**tea towel**
pantalón vaquero	**jeans**
pantalones	**trousers**

papel de cartas	**writing paper**
papelera	**litter bin**
paquete	**packet, parcel**
parabrisas	**windscreen**
parada [de taxis]	**taxi rank**
parada [del autobús]	**bus stop**
paraguas	**umbrella**
pared	**wall**
parlamento	**parliament**
parque	**park**
parque de bomberos	**fire station**
partido [político]	**party**
partirse de risa	**to burst out laughing**
pasado	**past**
pasado mañana	**the day after tomorrow**
pasaporte	**passport**
pasar la aspiradora	**to vacuum**
pasear al perro	**to walk the dog**
paso subterráneo	**subway**
pasta de dientes	**toothpaste**
pastelería	**cake shop**
pastilla	**pill**
pata de cordero	**leg of lamb**
patata	**potato**
patio	**playground**
pato	**duck**
peatón	**pedestrian**
pecas	**freckles**
pecera	**bowl**
pecho	**chest**
pedir	**to ask**
pedir [en un restaurante]	**to order**
pegar	**to stick**
peinarse	**to comb your hair**
peine	**comb**
pelaje	**fur**
película	**film**
pelo	**hair**
pelota	**ball**
peluquero	**hairdresser**
pendiente	**earring**
pendiente [cuesta]	**slope**
pensión	**guest house**
pequeño	**small**
pera	**pear**
perder	**to lose**
perder el tren	**to miss the train**
perfume	**perfume**
periódico	**newspaper**
periodista	**journalist**
perro	**dog**
perro pastor	**sheepdog**
perseguir	**to chase**
pesar	**to weigh**
pesarse	**to weigh yourself**
pescado	**fish**
peso	**weight**
pez	**fish**
pez de colores	**goldfish**
piano	**piano**
picar	**to sting**
pico	**beak**
pie	**foot (pl.: feet)**
piel	**skin**
pierna	**leg**
pijama	**pyjamas**
piloto	**pilot**
pimienta	**pepper**
pincel	**brush**
pinchadiscos	**disc jockey**
pinchar [rueda]	**to have a flat tyre**
pingüino	**penguin**
pintar	**to paint**
pintor	**painter**
pintura	**paint**
pinza	**clothes peg**
piragua	**canoe**
piscina	**swimming pool**

piso	**flat, floor**
pista de aterrizaje	**runway**
pista de baile	**dance floor**
pista de esquí	**ski slope, ski run**
pista de tenis	**tennis court**
pizarra	**blackboard**
planchar	**to iron**
planeta	**planet**
plantar	**to plant**
plátano	**banana**
platillo	**saucer**
plato	**plate**
playa	**beach**
plaza	**square**
pluma	**feather**
pluma (estilográfica)	**pen**
poesía	**poetry**
policía	**policeman (pl.: policemen)**
política	**politics**
pollo	**chicken**
Polo Norte	**North Pole**
Polo Sur	**South Pole**
poner	**to put**
poner huevos	**to lay eggs**
poner la mesa	**to lay the table**
popular	**popular**
por la mañana	**in the morning**
portaequipajes	**luggage-rack**
portero	**caretaker**
portero (deporte)	**goalkeeper**
posarse	**to perch**
postal	**postcard**
postre	**dessert**
pradera	**meadow**
precio	**price**
prefijo telefónico	**area code**
preguntar	**to ask**
preguntar el camino	**to ask the way**
presentar	**to introduce**
presente	**present**
presidente	**president**
prima	**cousin**
primavera	**spring**
primer plato	**starter**
primera clase	**first class**
primero	**first**
primo	**cousin**
probar	**to taste**
profesión	**job, profession**
profesor	**teacher**
profundo	**deep**
programa	**programme**
propina	**tip**
público	**audience**
pueblo	**village**
puente	**bridge**
puerta	**door**
puerta de entrada	**front door**
puerto	**port**
puesta de sol	**sunset**
pulgar	**thumb**
pulsera	**bracelet**
puntual	**on time**

Q

quedarse dormido	**to fall asleep**
quemadura	**burn**
querer	**to want, to love**
queso	**cheese**
química	**chemistry**
quiosco	**newspaper-stand**
quirófano	**operating theatre**

R

rabo	**tail**
radiador	**radiator**
radio	**radio**
radiocasete	**cassette recorder**

rama	**branch**
ramo de flores	**bunch of flowers**
rana	**frog**
rápido	**fast**
raqueta	**racket**
rascacielos	**skyscraper**
rasgar	**to tear**
rastrillo	**rake**
ratón	**mouse (pl.: mice)**
rebajas	**SALE**
rebaño	**flock**
recepción	**reception**
receta	**recipe**
receta [médica]	**prescription**
recibo	**receipt**
recoger	**to pick up**
recoger [ordenar]	**to tidy up**
recoger flores	**to pick flowers**
recreo	**break**
rectángulo	**rectangle**
red	**net**
regadera	**watering can**
regalo	**present**
regla [de medir]	**ruler**
reír	**to laugh**
relámpago	**lightning**
rellenar un cheque	**to write a cheque**
reloj	**watch**
reloj de pared	**clock**
remar	**to row**
remendar	**to mend**
remo	**oar**
repartir [el correo]	**to deliver**
repollo	**cabbage**
resbalar	**to slip**
reservar una habitación	**to reserve a room**
restar	**to subtract**
restaurante	**restaurant**
revisor	**ticket collector**
revista	**magazine**
río	**river**
rizado	**curly**
robar	**to steal**
roble	**oak tree**
roca	**rock**
rodilla	**knee**
rojo	**red**
romper	**to break**
romperse una pierna	**to break your leg**
roncar	**to snore**
ronronear	**to purr**
ropa	**clothes**
rosa	**rose**
rosa [color]	**pink**
roulotte	**caravan**
rubio	**fair, blond**
rueda	**wheel**
rugir	**to roar**
ruidoso	**noisy**
Rusia	**Russia**

S

sábado	**Saturday**
sábana	**sheet**
sabor	**flavour, taste**
saco de dormir	**sleeping bag**
sal	**salt**
sala de espera	**waiting room**
salchicha	**sausage**
salchichón	**French salami**
salida	**exit, departure**
salida del sol	**sunrise**
salmón	**salmon**
salón	**living room**
salpicar	**to splash**
salvaje	**wild**
sandalias	**sandals**
sano	**healthy**
sauce llorón	**weeping willow**
secador	**hairdrier**

secar	**to dry, to wipe**
secarse	**to dry yourself**
secarse el pelo	**to dry your hair**
secretaria	**secretary**
segadora	**lawnmower**
segar la hierba	**to mow the lawn**
seguir	**to follow**
seguir recto	**to go straight on**
segunda clase	**second class**
segundo	**second**
segundo plato	**main course**
sello	**stamp**
selva	**jungle**
semáforo	**traffic lights**
semana	**week**
Semana Santa	**Easter**
sembrar	**to sow**
semilla	**seed**
sentarse	**to sit down**
sentirse mal	**to feel ill**
septiembre	**September**
serpiente	**snake**
servicio	**toilet**
servilleta	**napkin**
servir	**to serve**
sí	**yes**
sierra	**saw**
silla	**chair**
simpático	**nice**
sin	**without**
sindicato	**trade union**
sobre	**envelope**
sobrina	**niece**
sobrino	**nephew**
sociedad	**society**
sofá	**sofa**
sol	**sun**
soldado	**soldier**
solo	**alone**
sombra	**shade**
sombrero	**hat**
sombrilla	**sunshade**
soñar	**to dream**
sonreír	**to smile**
sopa	**soup**
sostener	**to hold**
sótano	**basement**
suave	**soft**
subir las escaleras	**to go upstairs**
sucio	**dirty**
Sudamérica	**South America**
sudar	**to sweat**
suelo	**floor**
suelto	**loose**
Suiza	**Switzerland**
sujetador	**bra**
sujetar	**to hold**
sumar	**to add**
Sur	**South**
suspender un examen	**to fail an exam**
susurrar	**to whisper**

T

talón	**heel**
talonario	**cheque-book**
tambor	**drum**
tapón	**plug**
taquilla	**ticket office, box office**
tarjeta de crédito	**credit card**
tarta	**cake, tart**
taxi	**taxi**
taxista	**taxi-driver**
taza	**cup**
tazón	**bowl**
té	**tea**
teatro	**theatre**
tebeo	**comic**
tejado	**roof**
tela	**fabric**
teléfono	**telephone**
telegrama	**telegram**

telescopio	**telescope**
telesilla	**chairlift**
televisión	**television**
tendedero	**washing line**
tenedor	**fork**
tener fiebre	**to have a temperature**
tener hambre	**to be hungry**
tener sed	**to be thirsty**
tener sueño	**to be sleepy**
tener una avería	**to have a breakdown**
tenis	**tennis**
termómetro	**thermometer**
ternera [carne]	**veal**
ternero	**calf (pl.: calves)**
tetera	**teapot**
tía	**aunt**
tiempo [cronológico]	**time**
tiempo [meteorológico]	**weather**
tienda	**shop**
tienda de campaña	**tent**
tierra	**soil**
tigre	**tiger**
tijeras	**scissors**
timbre	**bell**
tímido	**shy**
tío	**uncle**
tipo de cambio	**exchange rate**
tirar	**to pull**
titular [de periódico]	**headline**
tiza	**chalk**
toalla	**towel**
toallita	**flannel**
tobillo	**ankle**
tobogán	**slide**
tocadiscos	**record-player**
tocar	**to touch**
tocar la guitarra	**to play the guitar**
tomar el pulso	**to take someone's pulse**
tomar el sol	**to sunbathe**
tomate	**tomato**
tonto	**silly**
topo	**mole**
torcerse la muñeca	**to sprain your wrist**
tordo	**thrush**
tortuga	**tortoise**
trabajador	**hard-working**
trabajar	**to work**
tractor	**tractor**
tráfico	**traffic**
trampolín	**diving board**
tranquilo	**quiet, calm**
trasatlántico	**liner**
travesía	**crossing**
travieso	**naughty**
tren	**train**
tren de mercancías	**goods train**
trenzas	**plaits**
trepar	**to climb**
triángulo	**triangle**
trigo	**wheat**
trineo	**sledge**
tripulación	**crew**
triste	**unhappy, sad**
trompa	**trunk**
trompeta	**trumpet**
trucha	**trout**
trueno	**thunder**
tulipán	**tulip**
tumbarse	**to lie down**
turista	**tourist**

U

último	**last**
universidad	**university**
universo	**universe**

urgencias [hospital]	**casualty department**
uvas	**grapes**

V

vaca	**cow**
vaciar	**to empty**
vacío	**empty**
vago	**lazy**
vagón	**carriage**
vagón restaurante	**buffet car**
valiente	**brave, courageous**
valle	**valley**
vaso	**glass**
vecino	**neighbour**
vejez	**old age**
vela	**candle**
vela [de barco]	**sail**
vendaje	**bandage**
vender	**to sell**
ventana	**window**
ver	**to see**
ver la televisión	**to watch television**
verano	**summer**
verdadero	**true**
verde	**green**
verter	**to pour**
vestido	**dress**
vestirse	**to get dressed**
vestuarios	**cloakroom**
viajar en barco	**to travel by boat**
viajero	**traveller, passenger**
vid	**vine**
vida	**life**
vídeo	**video**
viejo	**old**
viernes	**Friday**
vigilar	**to keep an eye on**
villancico	**Christmas carol**
vinagre	**vinegar**
viñedo	**vineyard**
vino	**wine**
violín	**violin**
violonchelo	**cello**
visitar	**to visit, to sightsee**
vista	**view**
vivir	**to live**
volante	**steering wheel**
volar	**to fly**
volcar	**to knock over**
volcar [un bote]	**to capsize**
volumen	**volume**
votar	**to vote**

Y

yogur	**yoghurt**

Z

zanahoria	**carrot**
zapatillas	**slippers**
zapatillas de deporte	**tennis shoes**
zapatos	**shoes**
zarpa	**claw**
zoo	**zoo**
zorro	**fox**
zumo de fruta	**fruit juice**

Ursula Muscheler

MÖBEL, KUNST UND FEINE NERVEN

Henry van de Velde und der Kultus der Schönheit 1895–1914

BERENBERG

»Als ästhetisches Phänomen ist uns das Dasein immer noch erträglich.«

FRIEDRICH NIETZSCHE,
Die fröhliche Wissenschaft